SIGRID HUNKE
ALLAH IST GANZ ANDERS
Enthüllung von 1001 Vorurteilen
über die Araber

Sigrid Hunke

Allah ist ganz anders

Enthüllung von 1001 Vorurteilen
über die Araber

Horizonte Verlag GmbH

1. Auflage 1990

© 1990 by Horizonte Verlag GmbH, Bad König
Alle Rechte vorbehalten.

Druck: C.H. Beck'sche Buchdruckerei, Nördlingen
Satz: Satzdienst Würzburg

Printed in Germany
ISBN 3-926116-25-0

INHALT

EINLEITUNG
oder: Warum dieses Buch nottut

Vorurteile verscharren die Wirklichkeit

„Es sind die vorgefaßten Meinungen, die es den Völkern so schwer machen, einander zu verstehen, und die es ihnen so leicht machen, einander zu verachten."
Dieses Wort Romain Rollands trifft in ganz besonderer Weise auf das Verhältnis des christlichen Abendlandes zur arabisch-islamischen Welt zu. Wie gegenüber keinem anderen Volk ist das Verständnis des Abendlandes für das Arabertum so stark gestört, das Verhältnis seit Jahrhunderten so schwer belastet und durch „vorgefaßte Meinungen" entstellt. Selbst anderen, ferner gelegenen, uns fremden Völkern, auch solchen, die anderen Religionen angehören, bringen wir eine unkompliziertere Einstellung entgegen als den arabisch-islamischen oder islamisierten Völkern.

Woran liegt das? Es muß einen besonderen Grund geben, weshalb die mittelalterlichen Vorurteile noch heute unverändert eine objektive Kenntnis ihrer Geisteswelt, ihrer Religion, ihrer Geschichte und Kultur blockieren und noch heute anscheinend unauslöschbare Geschichtsfälschungen das Allgemeinwissen über die Araber beherrschen.

Auch Versuche der Verfasserin in „Allahs Sonne über dem Abendland" 1960 und in „Kamele auf dem Kaisermantel" 1976[1] die bedeutenden arabischen Leistungen und Einflüsse auf die europäischen Wissenschaften und Künste ans Tageslicht zu heben, haben zwar eine breite Bresche in die traditionelle Unkenntnis geschlagen; aber die bornierte Verachtung der Araber als „zerlumpte Ziegenhirten" und auf dicken Schweizer Konten sitzende „Ölscheichs", die Warnung vor dem seit Karl Martells Zeiten „immer noch militanten Islam", die Entrüstung über die „unterdrückten Frauen", die „barbarische Verheizung griechischen Menschheitswissens", die religiöse „Intoleranz" gehören zur traditionellen, seit Jahrhunderten die Realität verfälschenden Greuelpropaganda mit ihrem neuerdings wieder verhetzenden Repertoire in Vorträgen, Presse und einseitig gefärbter Politik, das die Wahrheit in einem Massengrab von Vorurteilen verscharrt.

In der Tat läßt sich der Angel- und Drehpunkt ausmachen, in dem das vordem übliche mittelalterliche Feindbild der „heidnischen" Gegner, in diesem Fall also der sogenannten „Mohammedaner", umkippt in ein traumatisch verstelltes Haßprodukt. Während das ohnehin schmale Wissen über die sogenannten „Ungläubigen" auf wenige Stereotypen zusammenschmilzt, sachliche Information durch Polemik ersetzt, alles Positive, das man ihnen nachsagen könnte, ins Negative gewendet wird, werden ihre wissenschaftlichen Errungenschaften, speziell Erfindungen plagiiert, europäischen Urhebern zugeschrieben oder sogar erfundenen Phantomnamen angedichtet. Selbst namhafte Kulturhistoriker stellen noch Ende der fünfziger Jahre das Arabertum als ein gänzlich steriles, unschöpferisches Volk hin, das das unermeßlich hohe Wissen der Antike, soweit es seine Schätze nicht barbarisch verheizt habe, angeblich papageienhaft nachgeplappert und lediglich wie Briefträger dem Abendland „übermittelt" habe.

Wie aktuell und notwendig es ist, die vergiftenden Vorurteile und Fehlinformationen über den Islam als Religion, über seine Träger und seine Geschichte auszuräumen, beweist die neue Propagandawelle, die sich in Deutschland gegen ihn erhebt, womit die türkische Asylantenschwemme — und der türkische Gründungsversuch einer „Islamischen Partei Deutschlands IPD" — getroffen werden soll, und gegen die fundamentalistische Intoleranz des Irans, wobei jedoch infolge mangelhafter Information und Detailkenntnis unbegründet die Religion selbst und ihr Prophet sowie das Arabertum in das Schußfeld gerückt werden. Doch nicht alles Islamische ist arabisch!

Aufgabe dieses Buches ist es, nicht allein die vielen groben Vorurteile richtigzustellen und begreiflich zu machen, wie sie entstehen konnten. Vor allem aber verständlich zu machen, wie das verhängnisvolle Trauma des Abendlandes, diese infolge eines tiefen Schocks entstandene seelische „Verletzung", verschuldet wurde, die seit tausend Jahren verhindert hat, das Arabertum „zu verstehen, und es so leicht gemacht hat, es zu verachten" — anstatt ihm für seine großartigen Gaben zu danken. Nur wenn der „Patient" die Ursache dieser „Verletzung", dieses Traumas, versteht, wird er es überwinden.

KAPITEL I

„Mohammedaner"

„...und nach seinem Namen nannten sich die Anhänger des neuen Glaubens Mohammedaner". Welchem Leser fiel schon auf, daß an dieser Feststellung etwas nicht stimmte? Für diese Falschmünzerei brauchte eine Tageszeitung noch heute am 6. Januar 1990 keinen Widerspruch zu kassieren, so wenig wie der Mann auf der Straße: „Mohammedaner? – das sind doch die Leute, die an Mohammed glauben".

Ihnen lag, von den Jahrhunderten zwar weithin abgegriffen und abgeschliffen, dieselbe falschgeprägte Münze zugrunde, die vor 700 Jahren schon der Engländer Wilhelm von Salisbury aus der Volksmeinung seiner Zeit über das von Sarazenen bewohnte Spanien geschlagen hatte. Jenseits der Pyrenäen – so erfuhr das Abendland schaudernd durch ihn – in Cordoba, dem Sitz von Teufelsanbetern und Totenbeschwörern, umgeben von Magiern und Zauberern, die im Besitz geheimer Bücher waren, thronte, von einer Legion Teufel bewacht, der goldene Götze Mahomet, auch Machmed genannt, dem kniefällige Anbetung und blutige Menschenopfer dargebracht würden.

Mehr als dreizehn Jahrhunderte sind bis heute vergangen, seit der Prophet Mohammed 622 die Religion des Islams – d.h. „Hingabe" an „Allah", an Gott – verkündet hat, zwölf Jahrhunderte, seit seine Anhänger, die sich „muslim", Mehrzahl „muslimūn" – d.h. Ergebene, oder wie wir sagen: „Muslīme" (bei ebenfalls kurzem u mit Akzent auf dem langen i), nennen: die sich selbst aber keineswegs als „Mohammedaner" bezeichnen.

Nachdem im Abendland der Name der „Sarazenen", ursprünglich der eines westarabischen Stammes, sodann der der „Muselmanen" – populär als „Muselmänner", einer mißverstandenen persischen, bzw. volkstümlichen Umbildung – aufgegeben wurde, bürgerte sich in den europäischen Sprachen im 19. Jahrhundert der Name „Mohammedaner" ein und beweist, wie wenig man im christlichen Abendland über sie wußte.

Zwölf und ein halbes Jahrhundert sind vergangen, seit sie ein Weltreich, größer als das römische, erobert haben und in Sizilien und Spanien den europäischen Kontinent betraten, wo sie hier zweieinhalb, dort acht Jahrhunderte – von 711 bis 1492 – mit Italienern und Spaniern zusammenlebten, während insgesamt nahezu durch drei Jahrhunderte die Kreuzzüge und das fränkische Königreich Jerusalem Araber und Europäer in Kampf und friedlichem Alltag in engsten Kontakt gebracht haben. Und dennoch – kaum zu glauben – ist die Kenntnis dieser Menschen, ihrer Kultur, ihrer Geschichte, ist das Wissen um ihren Charakter, ihre von der europäischen abweichende Wesensart verschwindend gering. Wie beschämend mangelhaft sich sogar einer der berühmtesten Kulturwissenschaftler dieses Jahrhunderts, der Engländer A.J. Toynbee[2] über sie unterrichtet hat, beweist sein Urteil über sie, die er nur „primitive Araber" nennt, die ein „fremdländisches Proletariat der hellenistischen Welt" gewesen seien und als „primitive Mohammedaner einer barbarischen Nachahmung der ihnen fremden Religion Syriens angehangen", aber „nicht etwa das Christentum angenommen" hätten.

Vor allem ihre Religion, ihre Gottesverehrung, heiligen Schriften und kultischen Pflichten pflegten außerhalb jeglichen Interesses zu bleiben und wurden in der Phantasie der abendländischen Christenheit – wie schon Wilhelm von Salisbury bezeugte – derbstem Dämonen- und Teufelsspuk ausgeliefert. Trotz aller langwährenden, nachbarengen Berührungen mit ihnen ist – von Ausnahmen abgesehen – die Verständnislosigkeit im Abendland gegenüber den Arabern total, ja durch Glaubensfeindschaft verzerrt und durch eine Unzahl von Vorurteilen verfälscht wie gegenüber keinem anderen Volk der Erde.

Und das hat einen besonderen Grund.

Schwarz-Weiß-Zeichnung

Feindschaft, selbst Glaubensfeindschaft allein begründen noch nicht die Sperre vor besserer Information, vor genauerer, objektiver Forschung, noch die Entstellung der geschichtlichen Tatsachen, die Verächtlichmachung und Beschimpfung des Gegners oder den Haß gegenüber dem Andersgläubigen.

Feindschaft – so bezeugen es die germanischen Kämpfer – kann bei sachlicher Würdigung, ja Achtung des Gegners fair ausgetragen werden. Ob Ungarn-, Slaven-,

13

ob Sarazenen- oder Hunnenheere in das Reich einfallen – man sieht im einen wie den anderen die Feinde des Reiches. Man macht zwischen ihnen keinen Unterschied. Noch nicht. Noch im weltoffenen Versepos „Ruodlieb" begegnet man dem Feind in ritterlichem Geist, dem man „Gnade und Güte gönnt".

Das ändert sich, sobald geistliche Berichterstatter, Chronisten oder Dichter über Kämpfe gegen „Heiden" berichten, die zwar Gott noch nicht kennen, aber möglicherweise noch missioniert werden können. Bleibt hier die neue Schwarz-Weiß-Zeichnung noch nachsichtig bis mild, so verwendet der Berichter für den Kampf mit den „Ungläubigen", die den rechten christlichen Gott und Weg nicht kennen *wollen*, schärfere Kontraste bis zum finstersten Schwarz. Gemäß den geistlichen Reportagen kämpft der christliche Ritter in Demut und um Gottes Willen und Gottes Ehre – indes der „bösartige" Ungläubige sich im Kampf ohne alle Maße übermütig und hoffärtig und maßlos im Töten aufführt. Zu den „Ungläubigen" zählen für die Römische Kirche gemäß ihrem Absolutheitsanspruch alle Andersgläubigen, Ungetauften. In erster Linie aber die arabischen „Götzendiener" und „Teufelsanbeter", wie man sie in Predigten mit Abscheu nennt. – Die in Wahrheit sich zu Allah als dem *einen* Gott bekennen:

> „Ich bekenne, daß es keinen Gott außer Gott gibt, und ich bekenne, daß Mohammed der Gesandte Gottes ist",

dessen Botschaft im Koran niedergelegt ist.

Aufruf gegen die „Feinde Gottes"

Ein entscheidender Wandel bahnt sich an, als mit dem Aufruf Papst Urbans II. am 27. November 1095 im französischen Clermont die gesamte abendländische Ritterschaft aufgeboten wird, das Kreuz zu nehmen und zur „Befreiung" des angeblich „zerstörten Heiligen Grabes" nach Jerusalem zu ziehen. Eine reine Propagandaformel, wie sich zeigen wird, um die untätige und ungeduldige Ritterschaft zu entflammen, mit der die Wanderprediger alsbald eine Massenbewegung zu geradezu mystischem Taumel anfachen werden, – hinter der sich jedoch ganz hartkalkulierte kirchenpolitische Zwecke verbergen. Den einstigen Plan Gregors VII., die Spaltung der Christenheit in die Römische Kirche und die unbotmäßige Ostkirche wieder in einer Kirchenunion rückgängig zu machen, hoffte Urban II., durch einen gewissen Handel doch noch zum Erfolg zu führen. Dazu bietet sich ihm der erwünschte Anlaß, als der byzantinische Kaiser Alexios, schwer bedrängt von den ganz Kleinasien überfluttenden und seine Kirchen verheerenden türkischen Seldschuken, ihn um Hilfe durch Entsendung eines Söldnerheeres abendländischer Ritter ersucht. Freilich – die Bedrohung durch die Türken hatte sich schon nahezu gelegt. Der Basileus erwog im Gegenteil bereits einen Revanchekrieg ohne fremde Unterstützung. Auch für die Heiligen Stätten, seit dem sofortigen Wiederaufbau der vor vier Generationen zerstörten Grabeskirche, die ursprünglich den großen Plan abrunden und für die Motivation sorgen sollte, bestand keinerlei Befreiungsbedarf.

15

Doch indem der Papst, „Oberster Priester der ganzen Welt und Sendbote Gottes", um des geheiligten Zieles willen in einem leidenschaftlichen Appell geschickt die lang gehegten Sehnsüchte der Ritterschaft, nicht daheim zu „versitzen", sondern der Enge der Heimat, in der die Verkündung des Gottesfriedens den Kampf verbot, und den wirtschaftlichen Nöten zu entfliehen, um zur Bewährung den Kampf in der Ferne zu suchen — sei es aus Glaubensinbrunst, sei es aus Kampfeslust, Abenteuerdurst oder Hoffnung auf Beutegewinn — gleichsam eine bewaffnete Pilgerfahrt ins Heilige Land zu unternehmen, nutzte, appellierte er an ihr ritterliches Mitleid „mit den unter den Feinden Gottes leidenden christlichen Brüdern" in Kleinasien, um für seine großangelegte Initiative zur kirchlichen Machtsteigerung durch Vereinigung mit der Ostkirche Roms zu werben.

O, dieser Papst, der seinen Auftritt auf der Synode vor ausgesuchten, geladenen Rittern so klug zu planen und die eindrucksvollste Dramaturgie in tagelangen Gesprächen vorher festzulegen verstand, so daß, wenn er mit der Stimme Christi seinen Aufruf beendet haben würde, der schon als Führer des Kreuzzugs ausersehene Bischof Ademar das Beispiel geben und als erster vortreten und das Knie vor dem Heiligen Vater beugen sollte, um das Kreuzeszeichen zu empfangen — er wußte, wie er am wirkungsvollsten die Worte wählen, die Gemüter rühren oder empören konnte, wie er die Ritter zu auserwählten Gottessöhnen erhöhen, die Feinde schwärzen und erniedrigen mußte: Deshalb „ermahne nicht ich, sondern der Herr bittet und ermahnt euch, als Herolde Christi dieses gemeine Gezücht aus den von euren Brüdern bewohnten Gebieten zu verjagen".

Mit diesem in höchster Emphase gesprochenen Wort ist etwas Nie-Wieder-Gutzumachendes geschehen. Mit dieser extremistischen Antithese, mit der das Oberhaupt der Christenheit kraft göttlicher Autorität das abendländische Rittertum auf den Kampf gegen die islamische Welt verpflichtet, setzt er den Meißel an, der das Gesicht des Arabers, des Muslims, auf die Dauer eines vollen Jahrtausends entstellt: auf eine Weise, die – wir werden es sehen – sich in zweifacher Hinsicht verhängnisvoll auswirken mußte.

Züchtung von Haß

Die schon von Augustin zu äußerster Polarisierung von Geistlichem und Weltlichem, von Gottesreich und Satanswelt getriebene Feindschaft, die sich im Cluniazensertum verfestigende Antithetik und durch geistliche Chronisten und Dichter in ihre Schwarz-Weiß-Zeichnung übersetzte Darstellung – sie wurden jetzt von höchster Instanz sanktioniert, ja radikalisiert und durch Volks- und Wanderprediger zu hysterischem Haß auf die „Feinde Gottes", „Feinde Christi", das „elende Gewürm" aufgeputscht. Ihre Kreuzzugspropaganda stellte die „Befreiung Jerusalems" oder des „Heiligen Grabes" als werbewirksamstes Ziel in ihren Mittelpunkt. Von der Befreiung der „Brüder in Kleinasien" von den in byzantinisches Gebiet eingefallenen seldschukischen Türken und ihrer Kirchen, deretwegen der Basileus um Hilfe gebeten und zu der Papst Urban sie aufgerufen hatte, dem zentralen Zweck für die Wiedervereinigung der Kirchen, war nicht mehr die Rede!

Ein anderes, werbewirksameres Etikett mußte her, um mit dem Haß zugleich die Begeisterung am Sieden zu halten. So schossen die Legenden, Gerüchte und Schlagworte von einer angeblichen Schändung des Grabes Christi, der sich als Gefangener in den Händen der Heiden befinde, und von allerlei Scheußlichkeiten, begangen an Christen und Pilgern im Heiligen Land, ins Kraut ihrer mit absonderlicher Phantastik gewürzten Kreuzzugsaufpeitschung.

Sie trug verheerende Früchte. Kein Wunder, daß das von allen Seiten mit frei und zwangslos erfundenen Greueltaten am Grabe Jesu bis zur Weißglut geschürte Rachebedürfnis der Kreuzfahrer sich an dem vom Heiligen Vater selbst sogenannten „gemeinen Gezücht" furchtbar entlud – ohne die mindeste Ahnung, daß sie groben Falschmeldungen, ja plumpem Etikettentausch aufgesessen waren.

Denn mit Ausnahme der neunzig Jahre zuvor durch den geisteskranken Kalifen al-Hakim II. zerstörten und durch seine Mutte sofort wieder hergestellten Grabeskirche hatte die vom muslimischen Kalifen Harun ar-Raschid dem christlichen Kaiser Karl ritterlich übertragene Schirmherrschaft und dem Patriarchen übergebenen Schlüssel zu dem Heiligen Bezirk hier ein Klima unvergleichlicher Toleranz geschaffen. Als etwa hundert Jahre später Bischof Ignatios in Byzanz ein Schreiben seines geistlichen Bruders, des Patriarchen Theodosios, aus Jerusalem erhält, liest er erstaunt: „Die Araber sind ja hier unsere Herren. Sie bekämpfen die christliche Religion nicht. Im Gegenteil schützen sie unseren Glauben, achten unsere Priester und Heiligen und machen Zuweisungen an unsere Kirchen und Klöster." Und – kaum glaublich! – dies sogar noch während der überall von Todfeindschaft geschwängerten Atmosphäre der Kreuzzugszeit! Seit Mohammed und der Verkündigung des Islams gewähren sowohl die arabischen Muslime als auch die zum Islam übergetretenen Türken christlichen Pilgern, mit vereinzelten, zeitbedingten Ausnahmen, ungehinderten Zugang zu den Heiligen Stätten.

Doch – was in Clermont nach den sorgfältig ausgeklügelten Regeln päpstlicher Werbung von den Kirchen Kleinasiens zum Hl. Grab verlagert war und was das Bewußtsein des „auserwählten" Gottesstreitertums mit der von deftig aufgetragenen Farben und Tönen Gemüt und Phantasie aufwühlenden Predigerpropaganda erfüllte, gemäß Gottes Willen die fälschlich den Arabern angelasteten Verbrechen zu bestrafen, wälzte sich unaufhaltsam auf das Heilige Land zu: Der Haß auf die „Feinde Gottes" und das Strafpathos waren durch die unvorstellbaren Strapazen und Entbehrungen, durch zermürbende Gefechte und Streitigkeiten untereinander auf den monatelangen Märschen durch ganz Europa und Kleinasien nicht geringer geworden. Im Gegenteil, endlich am Ziel – in Jerusalem – brach die Erregung alle Dämme und Schleusen und entlud sich in furchtbaren Grausamkeiten.

In einem Blutrausch ohnegleichen, dessen fanatische Leidenschaften dreißig Fastentage und eine langhingezogene Prozession mit Predigten und Gebeten noch explosiv gesteigert hatten, stürzten die „fränkischen" Ritter, Franzosen und Normannen, durch die Gassen Jerusalems und machten hemmungslos nieder, was immer ihnen in den Weg kam, Männer und Frauen, Greise und Kinder. Nach abendländischen Quellen betrug diese furchtbare Ernte bis zu zehntausend Tote. Der Patriarch, so schildert ihn der christliche Chronist Michael der Syrer, rannte, mit dem Schwert alles niedermähend, triefend von Blut zur Grabeskirche. Dort wusch er die blutverklebten Hände und Arme mit den Worten des Psalmisten: „Der Gerechte freut sich in dem Herrn, wenn er solche Rache sieht. Er badet seine Hände im Blut der Gottlosen". Dann feierte er die Messe und sagte, er habe nie ein Gott wohlgefälligeres Opfer gebracht.[3]

Der Platz um den Felsendom und die Al-Aksa-Moschee, wohin das Gros der muslimischen Bewohner sich schutzsuchend geflüchtet hatte, wurde unter dem Wüten der Franken zu einem einzigen Blutbad, in dem die christlichen Angreifer bis zu den Knöcheln wateten.

Dieser von Papst Urban II. am denkwürdigen 27. November 1095, dem Vorspiel zu einer der größten und sinnlosesten Tragödien der Menschheitsgeschichte, raffiniert erdachte und listenreich ins Werk gesetzte 1. Kreuzzug endete – noch – mit einem vollen Sieg der christlichen Gottesstreiter für die Sache Christi, der zugleich als erschreckende moralische Niederlage in die Geschichte eingegangen ist. Als solche hat sie ein verheerendes Echo in der ganzen muslimischen Welt geweckt. Er ist im arabischen Bewußtsein bis heute ein untilgbarer Fleck auf dem europäischen Schild geblieben.

Der Dichter Mosaffer Allah Werdi ließ den Schmerz über das Unheil, das mit den Eindringlingen über sein Volk hereingebrochen war, in diese Verse strömen, die zu einem Aufruf zum Dschihad, zum Heiligen Krieg der Araber, wurden:

> Wir haben unser Blut in Massen vermischt mit
>   unseren Tränen.
> Niemand von uns ist noch fähig,
> den Feind zurückzuschlagen, der uns bedroht.
> Traurig sind die Waffen für einen Mann, der
>   Tränen vergießt,
> während der Krieg alles in Brand steckt
> mit funkelnden Schwertern. –

> Oh, daß so viel Blut geflossen ist, daß man so
>   viel Frauen
> nichts gelassen hat, ihre Scham zu schützen,
> als die Fläche ihrer Hände!
> Die Schneiden der blitzenden Schwerter haben
>   rote Farbe bekommen,
> und die Spitzen der goldglänzenden Lanzen
> sind bedeckt mit Blut.

> Zwischen dem Stoß der Lanzen und der Schwerter
>   ist der Schreck so furchtbar,
> daß das Antlitz der Kinder weiß wird vor Angst.
> So schrecklich ist dieser Krieg, daß selbst die,
> die sich retteten aus seinen Schrecken,
> die hoffen können sich zu erhalten,
> mit den Zähnen knirschen vor Wut und Jammer.
> Es ist wie ein Schwert, das in der Hand der
>   Ungläubigen zittert
> und das als Scheide Hälse und Schädel nimmt.[4]

Das arabische Trauma des Abendlandes

Doch die gezielte Verächtlichmachung der Muslime durch Papstaufruf und Kreuzzugspredigten als „gemeines Gezücht", ihre wahrheitswidrige Kennzeichnung als „Feinde Gottes" und „Feinde Christi" – den der Islam ja als einen seiner Propheten verehrt –, ihre Beschimpfung als „Schänder des Grabes", die Diffamierung ihrer Religion, ihres Gottes und seines Propheten schürten nicht nur sinnloser Weise Empörung, Verachtung und tödlichen Haß. Sie befeuerten die glühende Bereitschaft, sie für ihren angeblichen Frevel zu strafen, indem sie das Selbstbewußtsein der Ritter in noch nicht dagewesener Weise steil emporsteigerten, sie glauben machten, diesem „gemeinen Gezücht" hoch überlegen, mehr: „von Gott auserwählt" zu sein – und im selben Atem die Araber aufs niederträchtigste entwürdigten. Aus dem Munde des Stellvertreters Gottes auf Erden klang dieser aller Gerechtigkeit und Fairneß spottende Kriegsansporn so:

> „Welche Schande wäre es für uns, wenn diese ungläubige Rasse, die zu Recht so verachtet wird, die von der Würde des Menschen abgefallen ist und sich zum gemeinen Sklaven des Teufels erniedrigt hat, den Sieg über das auserwählte Volk des allmächtigen Gottes davontrüge!"

Und eben *dies* war das Ergebnis des zweieinhalb Jahrhunderte dauernden Ringens in den aufeinander folgenden Kreuzzügen!

Mit Ausnahme des blutigen Triumphes des 1. Kreuzzuges, den die Gründung des Königsreiches Jerusalem durch die Franken weithin sichtbar festzuschreiben schien, und der 5., friedlichen Kreuzfahrt des deutschen Araberfreundes Kaiser Friedrichs II., die in freundschaftlichem Geiste und ganz ohne Blutvergießen verlief[5], waren alle Kreuzzüge, die die religiöse Begeisterung der Massen mehr und mehr für machtpolitische Eroberungspläne mißbrauchten[6], von schweren Rückschlägen für die christlichen Invasoren gekennzeichnet.

Am Ende stand die gänzliche Niederlage. Ein Schock erfaßte das Abendland. Hatte ein Gottesgericht die Christen gestraft? Hatte Gott nicht den „Mohammedanern" den Sieg über die Christenheit zugeteilt? War nicht eben *die* „Schande" über sie gekommen, die der Heilige Vater als das größte Verhängnis beschworen hatte? Hatte Gott nicht „aus Bosheit" Mohammed gegen Christus, nicht der „verachteten, dem Teufel ergebenen, ungläubigen Rasse" recht gegeben? „Hat", fragte Ricoldus de Monte Crucis, „nicht das Heil Mohammeds das Heil Christi vollkommen überwunden?!" „Das Beste", empfahl der Troubadour Austorc, „ist, nun zu Mohammed zu beten!"[7]
Denn dies war das welterschütternde Fazit des Jahrhunderte währenden, mit einem Riesenaufwand an Menschen, an Menschenleid und Menschensterben systematisch angestachelten Völkerringens: Kirche und Papsttum bezahlten ihre größte Machterhöhung jetzt mit steilem Absturz, mit tiefer Erschütterung ihres Ansehens und Vertrauens. Das Unglück, in das die kirchlichen Ur-

heber und Verantwortlichen insgesamt Millionen von Gläubigen geschickt hatten, hinterließ bohrende Zweifel und religiöse Ernüchterung und menschliches Leid unermeßlich. Nur noch ein Fünftel der abendländischen Ritterschaft war von den sechs großen und unzähligen kleineren mörderischen Unternehmen in die Heimat zurückgekehrt, die eine kaum zu überschätzende Zahl von Menschenleben auch des einfachen Fußvolkes gekostet hatte, von den 30- bis 50-tausend Kindern und Halbwüchsigen abgesehen.

Wer aber ermaß, wieviel an Glaubensidealismus, an ekstatischer Begeisterung und lauterem Wollen schon in der Berührung mit dem derart geschmähten und verteufelten Gegner zu Schanden und Scham wurden? Im Orient erst ging ihnen auf, daß dieses ihnen stets verächtlich gemachte, von ihnen verachtete „Gezücht" ebenso „Menschen" waren wie sie selbst, ja, daß jene ihnen weit überlegen waren, nicht nur in ihrer Kriegstechnik, ihrer Bewaffnung aus Damaszener Stahl, ihrer Panzerung von Mensch und Pferd, in ihrem Burgenbau und Belagerungsmaschinen, in ihrer ärztlichen Versorgung, vor allem aber in dem heiligen Ernst ihres Verteidigungseinsatzes für die Heimat, ihrer besseren Disziplin und Kampfmoral, während sie selbst als ein Aufgebot von Individualisten den Mannschaftskampf kaum, noch die todernste Inpflichtnahme kannten. Das Abendland hatte seine hochgemute Ritterschaft, mit dem stolzen Bewußtsein seiner Auserwähltheit ausgestattet, in Gottes Auftrag die Niedertracht der „Ungläubigen" für ihre angeblichen Verbrechen zu strafen, ins Heilige Land entsandt mit dem Befehl des großen Kreuzzugspredigers

Bernard de Clairvaux: „zu bekehren oder zu vernichten". Doch sie selbst waren geschlagen und mit Scham bedeckt zurückgekehrt. Gott hatte für Mohammed und gegen Christus entschieden! Und damit gegen sie! Gott war zu ihrem „Feind geworden".

Es war ein Schock, der in sie einschlug, der abgrundtiefe Sturz eines schwer beschädigten Selbstgefühls, eines überspitzten Stolzes, der durch gewissenlose, haßerfüllte Propaganda mit höchster Autorität verantwortungslos hochgestachelt worden war. Er wuchs sich aus zu einem dumpfen Trauma[8], das die abendländische Christenheit in ihrer Einstellung zum Arabertum seitdem unverändert bis heute bestimmt. Es blockiert jede objektive, wirklichkeitsentsprechende Kenntnisnahme, ohne Versuche, ja ohne Bereitschaft, die Realität unvoreingenommen zu sehen, geschweige zu verstehen. An die Stelle sachlicher Information trat die Polemik, traten Vorurteile, die zu festen Urteilen zementiert wurden und sich nachhaltig im Verlauf von Jahrhunderten unerschütterliche Geltung erworben haben.

Diese „festgetretenen" Vorurteile nähren sich aus zahllosen Mißverständnissen, aus religiös bedingten Feindbildern, einseitiger Intoleranz, parteiischer Fehlinformation, beabsichtigter Verleumdung und mangelhaften Kenntnissen:

 - auf dem Gebiet der *Religion* und religiöser Vorstellungen, ihrer Gottesvorstellung, (ihres mit ihrem Gott verwechselten) Stifters, ihrer Gläubigen usf.;
 - der islamischen *Geschichte* der Araber und anderer islamisierter Völker;
 - des *Umgangs* mit den Mitmenschen, mit Andersgläubigen;

– der *Frau* in der Geschichte, in Ehe, Familie, Beruf;
– der *Kultur, Wissenschaft, Kunst und Technik;*
– der *gegenwärtigen Politik.*

KAPITEL II

Deutsche und arabische Ritterlichkeit
beschämen christliche Intoleranz

Doch es gab Ausnahmen inmitten des Jahrhundert-
kampfes zwischen Abend- und Morgenland, zwischen
Christenheit und Islam, die – Angehörige zweier Natio-
nen – dem Andersgläubigen nicht als Feind begegneten.
Da waren einzelne Stimmen von Deutschen, die sich ohnehin schwer getan hatten,[9] sich der von den Päpsten
entfachten Kreuzzugsbegeisterung anzuschließen, und
den von den päpstlichen Legaten überbrachten Ermah-
nungen zur Kreuznahme Bedenken und Ablehnung ent-
gegensetzten. Wo sie sich zum Eingreifen entschlossen,
waren es nicht religiöse, vielmehr hochpolitische Be-
lange des Reiches, denen man lediglich den Anschein des
kirchenpolitischen Zieles gab angesichts der ohnehin
nicht konfliktfreien Beziehungen der Staufer zum Heiligen Stuhl.
So ergab es sich, daß die Kreuzzugsunternehmen in erster Linie die Sache West- und Südeuropas blieben. Immer wieder nutzten die Päpste die Kreuzzüge nämlich
geradezu als Waffe zur Schwächung und Zerstörung von
Kaiser und Reich und ihren im germanischen Königtum
begründeten Heiligkeitsanspruch[10], verwendeten die
einkassierten Kreuzzugssteuern für ihren Kampf gegen

die Hohenstaufen, ja predigten den „Kreuzzug" gegen das „Heilige Reich". Als die Staufenkaiser sich entschlossen, in den Kreuzzugstrend einzusteigen, geschah dies in einem bewußten Gegensatz zum Papsttum, um ihm die *gegen* sie geschmiedete politische Waffe zu entwinden und in die eigene Hand zu nehmen.

Um drei deutsche Kaiser weben sich im Windschatten des seit drei Menschenaltern aufgeputschten Glaubensfanatismus Freundschaftsbande mit islamischen Herrschern. Doch warum geizt die Geschichtsschreibung damit, von ihnen – ausgenommen Friedrich II. – und ihren außergewöhnlichen Umständen zu sprechen? Wer weiß von den höchst verwunderlichen Vorkommnissen bereits zwischen seinem Großvater, Kaiser Friedrich I., und dem islamischen Sultan Salah ed-Din, den das Abendland als Saladin kennt? Die von ihnen in jener Zeit des Kreuzzugsfiebers friedlich unterhaltenen diplomatischen Beziehungen nehmen eines Tages eine unerwartete Entwicklung, als 1173 in Aachen eine Abordnung aus Kairo ein Schreiben des Sultans überreicht, mit dem Saladin für seinen Sohn um die Hand der deutschen Kaisertochter anhält, während dieser zum christlichen König gekrönt werden möge. Welch ein Antrag! Welch eine Vision einer Verbindung zwischen Morgen- und Abendland! Der Kaiser läßt sich Zeit. Er behält die arabischen Gesandten ein halbes Jahr an seinem Hof und läßt sie durch mehrere Städte des Reiches führen. Ein Jahr darauf sendet er den Vitzthum Burchard von Straßburg mit diplomatischen Dankesbezeugungen nach Kairo.

Die freundschaftlichen Beziehungen zwischen den obersten Herrschern beider Welten nehmen dadurch keinen

Schaden. Zwar kommen 1178 alarmierende Nachrichten von der verheerenden Niederlage der Franken in der Schlacht bei Hittin auf den Golan-Höhen mit dem Verlust des Heiligen Kreuzes und von Saladins Rückeroberung Jerusalems, die Schreck und Entsetzen in der Christenheit auslösen. In der richtigen Erkenntnis, daß nachhaltiger als Worte das Bild die Gemüter zu beeindrucken vermag, blasen die Kreuzzugswerber das nur noch glimmende Racheflämmchen mithilfe martialischer Cartoons an, die von Mönchen in härenen Säcken unter Wehe-Rufen durch die Straßen getragen werden, auf denen ein wildaussehender Reitersmann das Grab Christi mit den Hufen seines Pferdes zerstampft, das darauf uriniert; oder ein Mann Jesus das Gesicht blutig schlägt, wozu der entsetzte Betrachter erfährt, das sei „Mohammed, der ihn geschlagen, verwundet und getötet" habe[11].

Dreimal erscheinen päpstliche Legaten vor dem Kaiser, so auch auf dem Hoftag zu Straßburg, und ziehen alle Register geübter Stimm- und Sprachgewalt, um ihn zur Kreuznahme zu bewegen. Doch der Erfolg bleibt aus. Erst ein Jahr später rüstet der Kaiser zum Aufbruch aus eigenem Entschluß und in alleiniger Vollmacht. Er hat bereits am 26. Mai 1188 seinen Gesandten Graf Heinrich von Dietz mit einem Schreiben an Sultan Saladin geschickt. Darin dankt er ihm für empfangene Briefe und drückt sein Bedauern aus, daß er sich kriegerisch gegen ihn wenden müsse, sofern Saladin ihm nicht Jerusalem herausgebe und die fränkischen Gefangenen wieder ausliefere. Auf Ritterart fordert der Kaiser den Sultan zum Zweikampf am 1. November 1189 in der Ebene Zoan im äußersten Norden Ägyptens. Saladins umgehende Antwort an seinen „wahren, großen und erhabenen Freund Friedrich, König von Deutschland", bietet dem Deutschen die Freigabe aller fränkischen Gefangenen an, dazu christlichen Gottesdienst in der Grabes-Kirche als Dauereinrichtung und freien Zugang für alle Pilger zum Heiligen Grab gegen die Rückgabe aller von den fränkischen Invasoren besetzten Festungen; was freilich ja nicht in Friedrichs Macht stand.

Wir kennen nicht die Entscheidung des Kaisers, die dem Ablauf der Kreuzzüge vielleicht eine andere Wendung hätte geben können, hätte den Siebzigjährigen auf seinem Zuge nach Zoan durch Südanatolien während der orientalischen Junihitze in dem eisigen Gebirgswasser des Saleph nicht ein Herzschlag ereilt und der Tod den ritterlichen Zweikampf der Freunde an der Spitze der beiden tödlich verfeindeten Weltmächte abgeblasen. Wie sieben Jahre danach ebenfalls den mit Muslimen partnerschaftlich abgesprochenen Heereszug seines Sohnes Kaiser Heinrichs VI.

Es war ihr Enkel und Sohn, Kaiser Friedrich II., der bei seinem „Kreuzzug" ohne Kriegswerkzeug und ohne Blutvergießen alle einstigen Angebote Saladins, ja weit darüber hinaus alle den Christen geheiligten Plätze, dazu freien Zugang für alle christlichen Pilger zu Jerusalem in voller Gleichberechtigung und gegenseitiger Achtung mit den Muslimen und Juden, die alle hier ihre heiligsten Stätten haben, durch feierlich beschworenen Friedensvertrag mit Sultan al-Kamil, Saladins Neffen, empfing. Damit ist das „Werk glücklich vollbracht", läßt er seinem Heer durch Hermann von Salza verkünden, „das seit langen Zeiten keiner der Fürsten und Gewaltigen des Erdenrunds weder durch die Menge des aufgebotenen Volks noch durch Furcht oder andere Mittel zu vollbringen vermochte". Doch der ausgezogen war und das hohe Ziel erreicht hatte, „die Herzen getrennter Völker zu einen" – er wird gerade damit zur Zielscheibe des Heiligen Vaters in Rom. Ein derartiger Erfolg, der den vom Papsttum unter Einsatz äußerster Mühen und Mittel, unter Aufbietung ungeheurer Menschenmassen und Menschenverluste im Namen Gottes zwecks „Befreiung des Heiligen Grabes" entzündeten Weltbrand peinlicherweise mit den feierlich beschworenen Friedensverträgen zur Befreiung und Sicherung des Heiligen Grabes dazu ohne Menschenverluste austritt – gerade dies treibt den Haß des obersten Hirten der Christenheit zur Weißglut. Allein – er läßt es mit Bannfluch und Toterklärung des siegreichen Kaisers, dessen Königreich Sizilien er durch seine „Schlüsselsoldaten" überfallen läßt, dessen Untertanen er von ihren ihm geschworenen Eiden löst, nicht bewenden – er fordert heimlich sogar seinen eigenen Todfeind, den Sultan der „Ungläubigen", auf, Friedrich das Heilige Grab *nicht* herauszugeben und – Gipfel apostolischer Entwürdigung – bereitet mit den Templern einen Mordanschlag auf den Kaiser vor, während der sich zur Taufstelle am Jordan begeben wird. Der muslimische Sultan persönlich ist es, der dem Kaiser des Heiligen Römischen Reiches das Leben rettet: „Angeekelt von diesem niederträchtigen Verrat", sende er ihm das mit dem Siegel des Ordensmeisters der Templer versehene, verräterische Schriftstück zu. Vor seiner Heimreise macht sich die kirchliche Wut über den Friedens-

und Gleichberechtigungsvertrag Luft durch Verhängung des Interdikts über Jerusalem und das Schweigen aller Glocken, solange Friedrich sich dort aufhält, und durch Schleudern von Kot auf den Kaiser und das abziehende Heer.

Von seiner Bindung an die arabischen Freunde zeugt sein Abschiedsgruß, den er nach seiner Abreise auf See an den Emir Fachr ad-Din geschrieben hat, der schon als Gesandter des Sultans an seinem Hof in Sizilien weilte und in Jaffa das Zelt mit ihm teilte, während er die Verhandlungen zwischen beiden Fürsten führte. Nicht von ungefähr ist diese in arabischer Sprache, die Friedrich von Jugend auf in seiner sizilianischen, zum Teil von Arabern bewohnten Heimat neben der lateinischen lernte, an den arabischen Freund gerichtete Brief das ergreifendste, weil persönlichste Dokument, das aus der Feder dieses Kaisers geflossen ist, geschrieben nach ihrer Trennung, die dem in menschlichen Beziehungen sonst so Zurückhaltenden das stürmische Bekenntnis entreißt:

> „Im Namen des liebenden und gütigen Gottes
>   (Allah)!
> Die Herzen ankerten fest trotz Unserer Fahrt:
> Sie machten sich los vom Körper, von Wesen
>   und Art
> Und gaben sich Eurer Freundschaft ewig in Pacht.
> Dann flogen sie auf zurück zu Unserer Macht.
>
> Nicht denken Wir von dem Kummer zu sprechen, den Uns Liebe leiden ließ, von der schlimmen Schwermut nicht, die Uns beschlichen, noch davon, wie sehr Wir Uns sehnen nach der beseligen-

den Gemeinschaft des Fachr – Gott verlängere seine Tage!...

Wohl allzu weit haben Wir in diesem Eingang Uns gehen lassen; doch wühlt die Verwirrung des Mannes Uns auf, der sich einsam sieht in der Welt nach Zeiten der Stille und Gemeinschaft. Die Trauer der Trennung folgte auf Seligkeit und befriedeten Drang, Verzweiflung auf die Begeisterung unserer Gespräche" – und indem er mit der konventionellen Form des majestätischen Plurals alle Hüllen seiner Seele fallen läßt – „Da du schiedest, war mir so, daß, hätte man mir die Wahl gewährt zwischen Ferne und Tod, ich ihm zugerufen hätte: Wohltat erweisest du mir!"[12]

Diese Haltung, den Gegner sachlich und frei von Feindseligkeit oder Haßgefühlen als Menschen zu sehen und, sofern er es wert ist, als solchen zu achten, ist die spezifische Eigenart der drengskapr-Ethik, die in der germanischen Kriegerethik die starre Racheform abgelöst hatte[13]. Als eine Frühform germanischer Ritterlichkeit setzt sie sich im Ritterum vor allem in Deutschland fort. Nicht nur die Geschichte selbst hat kostbare Zeugnisse dieser von Feindschaft freien Gegnerschaft gezeitigt, die sachliche Wertung, Würdigung und Achtung, ja Ehrung und Freundschaft zwischen den Gegnern wachsen läßt.

Vor allem Wolfram von Eschenbach hat, während die Kreuzzugsgreuel auf dem Weg ins Heilige Land und dortselbst ins Kraut schossen, diese besondere Blüte der Ritterlichkeit[14] speziell dem arabischen Gegner gegenüber immer erneut mit besonderer Hingabe gezeichnet: im Zweikampf Parzivals mit seinem arabischen Halbbruder, dem edelmütigen Feirefiz, der sein Schwert von sich wirft, als Parzivals Schwert zerbrochen und dieser ihm waffenlos ausgeliefert ist; im „Willehalm" im Verhalten des Feldherrn gegen die Araber Rennewart und Gyburg und gegenüber dem arabischen Heer und seinen Fürsten. Während Kreuzfahrer noch in der Hochflut der von Päpsten und Geistlichen aufgerührten Haßekstasen gegen die muslimischen Ungläubigen schwimmen, singt hier der Ritter Wolfram von Eschenbach in der Totenklage des Feldherrn Willehalm das Hohelied Rennewarts, des edelsten Arabers, der für ihn „mit Gottes Hilfe" den Sieg erfochten hat:

Du starker Held, du herrlicher Jüngling,
Soll ich nun deiner mannhaften Tüchtigkeit
Und deinem schlichten freundlichen Wesen,
Deinem hohen und weitverbreiteten Ansehen
Nicht dienen dürfen, so bin ich zugrunde
     gerichtet.
Hat dich der Tod mir geraubt?
Sollst du nun keinen Dienst von mir empfangen
Und nichts von dem, was ich auszuteilen vermag?
Du erkämpftest mir doch dies Land,
Du erhieltest mir mein Leben und Gyburg,
     mein schönes Weib.
Ohne deine auserwählte Tapferkeit
Wäre es um meinen alten Vater geschehen
     gewesen ...
Ohne dich meine Brüder und Gesippen verloren.
Du warst das Steuer meines Schiffes

Und der rechte Segelwind,
Der die Söhne Heinrichs sicher auf römischer
    Erde ankern ließ.
In so hohem Ansehen hat noch keines Namens
    Ruf
Bei den Menschen unserer Tage gestanden.

Und in offenem Protest gegen die von der Kirche verordnete Lehre, die das Recht zum Leben und zum Töten von der Taufe abhängig macht, empört sich der deutsche Ritter Wolfram:

"Ist das nicht Sünde, daß man die,
die nie Kunde von der Taufe empfingen,
erschlug wie Vieh?
Ich spreche hierbei sogar von großer Sünde,
Weil *alle* Gottes Geschöpfe sind.
Alle Menschen der zweiundsiebzig Sprachen,
die er geschaffen hat."[15]

Bezeichnenderweise war es ein Deutscher, den es, vom Kreuzzug an den Rhein heimgekehrt, drängte, seinem Dank und seiner Rührung Ausdruck zu geben und einen Brief in das ferne Ägypten an den Sultan al-Kamil zu schreiben: Nach der entsetzlichen, auf Befehl des päpstlichen Kardinallegaten durchgeführten Hinschlachtung der gesamten Bevölkerung von Damiette bei der Einnahme der lang umkämpften Festung am Nildelta packte den deutschen Scholastikus Oliverus aus Köln die überwältigende Entdeckung arabischer Ritterlichkeit al-Kamils trotz all der gewohnten Greuel seitens der Christen wie ein unfaßliches Glückserlebnis.[16] Er schrieb 1221 an den Sultan al-Kamil, jenen Freund Friedrichs II., der, anstatt Gleiches mit Gleichem zu vergelten, dem Christenheer, das tagelang größte Hungersnot litt, vier Tage hindurch je 30 000 Brote und andere Lebensmittel geschickt hatte:

> „Von alten Zeiten her hat man von keinem Beispiel solcher Güte einer Menge Feinde gegen Gefangene gehört. Als uns nämlich Gott in Deine Hand eingeschlossen hatte, haben wir Dich nicht als einen Tyrannen und Herrn, sondern als einen Vater in Deinen Wohltaten, als einen Helfer in aller Gefahr kennengelernt.
>
> Wer könnte zweifeln, daß eine solche Güte, Freundlichkeit und Barmherzigkeit von Gott ausgegangen ist. Die Männer, deren Eltern, Söhne, Töchter, Brüder und Schwestern wir mit vieler Qual getötet haben, die haben uns, als wir vor Hunger am Sterben waren, mit ihrer eigenen Speise erquickt und uns mit vielen Wohltaten gütig behandelt, während wir doch in ihre Herrschaft und Gewalt gegeben waren".

Hier hatte eine Glocke angeschlagen, die eine andere zum Schwingen brachte.

Daß ein Araber derartige Beweise hoher Menschlichkeit gab, war kein Einzelfall. Auch als der im Abendland in hohen Ehren stehende englische König Richard Löwenherz, der im Heiligen Land diesen Ruf brutal Lügen strafte und immer von neuem auf schändliche Weise beschmutzte, etwa dreitausend arabische Gefangene, denen er das Leben zugesichert hatte, überraschend aus einer Laune niedermetzeln ließ – worauf der Führer des französischen Heeres seinem Beispiel folgte — und mit dieser mörderischen Untat seinen Ruf und die Früchte seines Sieges elend verspielte, beschämte Sultan Saladin die christlichen Heerführer, indem er keineswegs etwa ihren Wortbruch und ihre schrankenlose Brutalität an den in seiner Hand befindlichen christlichen Gefangenen rächte. Ebenso wie er bei der Übernahme des rückeroberten Jerusalem, das ihm durch grausamste Massaker seitens der Kreuzritter entrissen worden war, ergreifende Beweise seiner Ritterlichkeit gegenüber den christlichen Bewohnern gab, vergalt er jene Untaten mit menschlicher Güte.

Im Gegensatz zu den Muslimen kannte die christliche Ritterschaft keine Verpflichtung, einem „Ungläubigen" selbstverständliche Menschenrechte zuzubilligen, wie schon einfachste Nächstenliebe sie gefordert hätte, und fühlte sich nicht gebunden, ein ihm gegebenes Wort zu halten.

Als die Kreuzfahrer 1204 sogar ihre eigenen Glaubensbrüder in Byzanz niedergemetzelt hatten, wehklagte Niketas Akominatos: „Selbst die Sarazenen sind gut und mitleidig, verglichen mit diesen Leuten, die das Kreuz Christi auf der Schulter tragen."

Entscheidende Unterschiede im Verhältnis zum Andersgläubigen gründen schon im jeweiligen Selbstverständnis von Christentum und Islam und ihrem unterschiedlichen Menschenverständnis.

Unterschiedliches Selbstverständnis
von Christentum und Islam

Das Christentum beruft sich auf das Alte Testament als die Vorbereitung des Heilsplans und Ankündigung Jesu, auf das Neue Testament als Mitteilung über Jesu Verkündigung des Gottesreiches und auf des Paulus Auslegung, seiner Botschaft von der Erlösung durch den Tod Jesu Christi.

Der Islam erhebt dagegen einen umfassenden Geltungsanspruch als die „Religion des Anfangs der Menschheitsgeschichte"[17], als die allen gemeinsame, überzeitliche und absolute Uroffenbarung Gottes, die als ein und dieselbe durch Gesandte immer von neuem allen Völkern der Erde verkündet wurde.

„Gott", arabisch „Allah" — zu dem man jahrhundertelang schon vor Mohammed gebetet hatte — ist nicht ein Name wie Jahwe oder Jehova. „Allah" bedeutet „Gott". Weshalb Sure 3,85 im Koran lautet:

> „Wir glauben an Gott und an das, was er uns als Offenbarung gesandt hat, und an das, was er dem Abraham, Ismael, Isaak, Jakob und den Stämmen offenbarte und an das, was Mose, Jesus und anderen Propheten von ihrem Herrn zuteil geworden ist — wir machen zwischen keinem von diesen einen Unterschied. Ihm sind wir ergeben".

Der letzte und das „Siegel" der Propheten ist der Prophet Mohammed.

Diejenigen, die von der Offenbarung des *einen* Gottes abgefallen sind, die Polytheisten oder Götzendiener, die Vielgötterei betreiben — das sind die Ungläubigen. Den Juden, Christen und Parsen aber, die die Offenbarung

empfangen, sie aber entstellt haben, – diesen „Schriftbe-
sitzern" dagegen gewährt Allah Schutz und freie Ausübung ihrer Religion in ihren Gotteshäusern, sowie
ihren Geistlichen. Ja, Mohammed selbst verbürgt sich
ausdrücklich für sie. Denn – wie er gemäß dem Hadith,
der Sammlung seiner Aussprüche – erklärt hat:

> „Wer einem Juden oder Christen Unrecht tut,
> gegen den trete ich selbst als Ankläger auf am Tage
> des Gerichts!"

Das islamische Menschenbild:
Sünder? – Sklave Gottes? – Fatalist? – Dschihad?

Wie wenig das Abendland von der, nach dem Christentum, größten Religionsgemeinschaft der Welt weiß, zeigen die Vorstellungen, die es mit dem islamischen Menschenbild verbindet.

Islam als „Ergebung in Gottes Willen" und somit „Fatalismus", „Abd Allah" als „Sklave Gottes" infolge Adams
„Sündenfall" – wem sich diese Schlagwörter auf die Lippen drängen, der hat die Schablonen der eigenen Gedan-
kenwelt über die islamische gelegt.

Doch er muß alle diese ihm geläufigen Begriffe und Vorstellungen beiseite lassen. Es gibt im Islam keine „Erb-
Sünde", keine sündigen ersten Menschen, keine Sündigkeit als wesensmäßige Befindlichkeit des Menschen.
Eine Schuld vermögen Reue und das Verzeihen des er-
barmenden Vergebers zu tilgen. Ja, Allah vergibt sogar
Adam – von dem gemäß der *Bibel* alles Unheil der Welt
seinen Ursprung nahm, der aber durch keines Menschen
Buße Vergebung erlangt, es sei denn durch Jesus, den Er-
löser: Allah vergibt sogar Adam, weil Adam bereut.

Und der Herr kehrte sich wieder zu ihm:
denn siehe, er ist der Vergeber, der Barmherzige!
Sure 2,37

Bei der Schöpfung hat der Schöpfer dem Menschen seinen Geist eingehaucht (Sure 32,9), so daß er etwas Göttli-
ches in sich trägt und als Muslim in der unmittelbaren,
unvermittelten Verbindung der Gottergebenheit steht.
So ist er als Träger des göttlichen Elements zugleich Abd
Allah, Diener oder Sklave Gottes, ja – befähigt Vertreter
Gottes zu sein.[18] Sklavesein bedeutet im alten arabischen Orient nicht wie in Rom oder China rechtloses
Unterdrückt- und Ausgebeutetwerden – sondern ein
eher auf Wechselseitigkeit beruhendes, familiäres Um-
sorgen und antwortendes Besorgtsein.

Welche verfälschenden Vorurteile das Gesicht des Islams darüber hinaus leichtfertig entstellen und bis heute
in feindseliger Gesinnung verzerren, zeigt das von gänz-
licher Unkenntnis des Islams diktierte Wort des großen
deutschen Philosophen Leibniz (1646–1716), der dem
„fatum stoicum", das dem Menschen, der in das ihm ver-
hängte Schicksal Einblick nehmen kann, Ruhe verleiht,
und dem „fatum christianum", „das der Christ geduldig
tragen soll und zufrieden, daß es von einem gnädigen
Herrn gelenkt sei", als herabziehenden Kontrast das
„mahumetanische" Fatum, das „fatum mahumetanum"
gegenüberstellt, das gänzlich finster und unentrinnbar
sei, so daß der Mensch nicht einmal versuchen könne,
den dräuenden Gefahren auszuweichen, sondern blind
in sie hineinlaufe.

Eine glatte Verfälschung! Hier ist auf höherer Ebene unverändert die gleiche Schwarz-Weiß-Malung am Werk wie im frühen Mittelalter.

Diesem vielfach genährten Vorurteil des den Muslim beherrschenden „Fatalismus" widersprechen der Geist des Korans und die Worte des Propheten energisch, die den Menschen im Gegenteil aufrufen, sich aus freiem Willen zu entscheiden, die an seine Verantwortung appellieren, zwischen verschiedenen Möglichkeiten, unter den entgegengesetzten Neigungen zu wählen, zwischen positiven und negativen Werten freie Wahl zu treffen, sich entweder an egoistischen Motiven und Zielen zu orientieren oder sich in Gottes Willen zu ergeben – jedoch keineswegs sich einem blind waltenden Fatum passiv auszuliefern. Die freie Entscheidung setzt die bewußte Verantwortlichkeit des Muslims voraus, daß auch er selbst sich zu ändern vermag, „seine Seele rein zu halten und sie nicht verkümmern zu lassen". (Sure 91, 9,10)

„Diese Unabhängigkeit des Menschen", die in seiner bewußten freien Entscheidung, in seiner alleinigen Verantwortlichkeit und selbständigen Aktivität zum Ausdruck kommt – erklärt der große Islamforscher Falaturi – „greift sogar insofern in den göttlichen Bereich ein, als alles, was ihm von Gott zukommt, von ihm selbst verursacht worden" ist:

> „Gewiß, Allah, der einzige Gott, ändert die Lage eines Volkes nicht, ehe sie nicht selbst das ändern, was in ihrer Seele ist." (13,11; 853)

„Das bedeutet, daß selbst der gottgläubige Mensch nicht der Willkür unterworfen ist, sondern selbst das bewirkt und bestimmt, was ihm von Gott zukommt. Der

Mensch bestimmt also in allem, was ihn betrifft, sein Schicksal".[19]

Zum islamischen Menschenbild trägt auch ein vierter Begriff bei, den das Abendland nur in sehr einseitiger Bedeutung kennt und verwendet: „Dschihad" meint keineswegs schlechthin „heiliger Krieg". Dschihad ist jede Anstrengung, jede Bemühung, jede Stärkung des „Islams in uns, um uns und in der Welt — der täglich neue Kampf gegen die widerstrebenden Kräfte in uns und unserer Umwelt, die Quelle, aus der der Muslim die Kraft schöpft, die ihn befähigt", sich seiner Verantwortung zu stellen, sich bewußt Gottes Willen zu ergeben. „Dschihad ist das permanente Im-Aufbruch-Sein der muslimischen Gemeinschaft auf der einen und die ständige Abwehrbereitschaft gegen alle Kräfte, die sich der Realisierung der islamischen Gesellschaftsordnung im Machtbereich der Muslime entgegenstellen auf der anderen Seite".[20]

Ausbreitung des Islams mit „Feuer und Schwert"?

Ganz im Gegensatz freilich zu einem der starrsten Vorurteile gegenüber dem Islam spielt die arabische Toleranz sogar die entscheidende Rolle bei seiner Verbreitung. Nicht nur die christliche Geistlichkeit hatte so etwas nicht erwartet. Inzwischen sind zwölfhundert Jahre vergangen — aber das christliche Abendland hält bis heute in Wort und Schrift, in Zeitungen und Büchern, in der allgemeinen Meinung und der neuesten Propaganda an dem Ammenmärchen fest, nach Mohammeds Tod hätten arabische Heere „den Islam mit Feuer und Schwert" vom Indus bis zum Atlantik verbreitet. Diese Formel ist in diesem Zusammenhang zum „geflügelten Wort" geworden, obwohl sie jeder geschichtlichen Wahrheit und Wirklichkeit entbehrt.

„Es soll kein Zwang sein im Glauben",
lautet das verpflichtende Wort im heiligen Koran (Sure 2,256) Ziel und Sinn der Eroberungszüge durch die arabischen Heere war die Ausbreitung des *Herrschaftsbereichs Gottes* in der Welt – *nicht* des islamischen Glaubens! Im Gegenteil! Die Christen sollten Christen, die Juden sollten Juden bleiben wie zuvor. Niemand hinderte sie und durfte sie an der Ausübung ihres Glaubens hindern. Niemand beeinträchtigte ihre Geistlichkeit, ihre Gotteshäuser, ihre Gottesdienste.
Die neuen Herren über die unterworfenen Völker erschwerten geradezu ihren Übertritt. Man brauchte ja ihre Steuern, die aber entfielen, sobald sie sich zum Islam bekannten.
Es waren die Andersgläubigen – eben Christen, Juden, Sabier, „Heiden" – die von sich aus zum Islam, zum Bekenntnis und Kult der Sieger, ihrer neuen Herren, drängten, mehr als diesen lieb sein konnte: die arabische Namen wählten, arabische Kleidung, arabische Sitten annahmen, die die arabische Sprache lernten, arabisch heirateten und die islamische Bekennerformel, die „schuhada", nachsprachen. Die Faszination des arabischen Lebensstils, der arabischen Kultiviertheit, Vornehmheit, Eleganz und Schönheit – kurz, der eigentümliche Zau-

ber der arabischen Kultur, nicht am wenigsten die Großmut und Duldsamkeit – sie übten eine unwiderstehliche Anziehungskraft aus.

Die christlichen Glaubenshirten in Andalusien bezeugten erbittert den Sog der arabischen Geistigkeit, dem die christlichen Schäflein allzu bereitwillig erlagen. Alvaro, Bischof von Cordoba, klagte in bewegten Worten:

„Viele meiner Glaubensgenossen lesen die Gedichte und Märchen der Araber, sie studieren die Schriften der muslimischen Theologen und Philosophen, nicht um sie zu widerlegen, sondern um zu lernen, wie man sich auf korrekte und elegante Weise im Arabischen ausdrückt. Wo findet man heute einen Laien, der die lateinischen Kommentare über die heiligen Schriften liest? Wer unter ihnen studiert die Evangelien, die Propheten, die Apostel? Ach, alle jungen Christen, die sich durch ihr Talent bemerkbar machen, kennen nur die Sprache und Literatur der Araber! Sie lesen und studieren aufs eifrigste die arabischen Bücher, legen sich mit enormen Kosten große Bibliotheken davon an und sprechen überall laut aus, diese Literatur sei bewunderungswürdig! Redet man ihnen dagegen von christlichen Büchern, so antworten sie mit Geringschätzung, diese Bücher verdienten nicht ihre Beachtung! O Schmerz, die Christen haben sogar ihre Sprache vergessen, und unter Tausenden von ihnen findet man kaum einen, der einen erträglichen lateinischen Brief zu schreiben versteht; dagegen wissen Unzählige, sich aufs eleganteste im Arabischen auszudrücken und Ge-

dichte in dieser Sprache mit noch größerer Kunst
als die Araber selbst zu verfassen".[21]
Derselbe Zauber der arabischen Lebensart schlug noch
die Kreuzfahrer im Orient in kurzer Zeit in seinen Bann.
„Wir, die wir Abendländer waren, sind nun Orientalen
geworden", meldete der Franzose Fulcher von Chartres
stolz, überwältigt von dem fremden Reiz dieser von Farben und Düften betäubenden Wunderwelt. Warum sollten sie in den ärmlichen Westen zurückkehren, nachdem
„Gott das Abendland in das Morgenland verwandelt"
hatte?[22]

Islam – Rivale der Kirche

Wie ernst die Lage war, welche Konkurrenz sich für die
Kirche aufbaute, zeigte, daß um sich den Araber-Fans
verständlich zu machen und sie der christlichen Religion
nicht verloren zu geben, Erzbischof Johannes von Sevilla das Evangelium für sie, die die arabische Sprache der
lateinischen vorzogen und sie schon vergessen hatten, in
die Sprache des Korans, ins Arabische, übersetzt hatte.
Nicht von ungefähr mußte die Kirche feststellen, daß ihr
Anspruch, allein selig zu machen, existentiell bedroht
wurde, daß ihr im Islam nicht nur ein mächtiger Glau-
bensfeind erstanden war, sondern ein ernstzunehmen-
der Rivale, dem ihre Gläubigen freiwillig zuliefen.
Ihn konnte sie nicht durch ein gut gewappnetes Heer allein bekämpfen – wichtiger war eine psychisch-religiöse
Hochrüstung zum von Gott auserwählten Waffenträger
und die Inkriminierung und Diabolisierung des gefähr-

lichen Rivalen zu „Feinden Gottes" und zu „Teufeln", „die uns des heiligen Glauben wollen berauben", wie es in der neuen, nach arabischem Vorbild reimenden Dichtweise jetzt munter zu sprudeln beginnt. Nicht nur die Predigten des kirchlichen Klerus allein, eine kaum bewußt vom arabischen Reim profitierende Literatur geistlicher Dichter der Kreuzfahrerzeit sorgt jetzt für propagandistische Abschreckung. Sie zielt auf den Dualismus von einseitiger moralischer Aufrüstung der Christen, die als hehre Helden gefeiert und mit strahlenden, himmlischen Gaben belohnt werden sollen, und einseitiger Diffamierung der Muslime, die „erschlagen und in ihrem Blute zertreten zu werden" verdient haben.

Für die geistlichen Dichter der „Kaiserchronik" im Kloster Regensburg und des gleichfalls in Regensburg dichtenden Pfaffen Konrads „Rolandslied" (um 1130) gibt es nur wildesten Haß auf das „von Gott verfluchte, mordgierige Volk" der Heiden: sie sind „Hunde und Schweine", die, weil ihre „Abgötter" ohnmächtig sind, „zu Aas zu werden" und für die Hölle bestimmt sind. „Machmet" (wie ihr vermeintlicher „Götze Mahomet" aus Mohammed verballhornt zu werden pflegt) „hat dich mir zugesandt, daß ich dir dein Haupt abschlage, deinen Körper den Vögeln vorwerfe und dein Haupt auf meinen Spieß stecke". Wenn sich jemand weigert, die Taufe zu nehmen, „läßt ihn der Kaiser hängen, niederschlagen oder verbrennen". Sie sind „allzumal des Teufels Gesinde" und allesamt verloren. „Gottes Zorn schlägt sie an Leib und Seele, sie bewohnen die Hölle in Ewigkeit".[23]

Dies war das für die Kirche ja ganz Unglaubliche, Beunruhigende: Aus freien Stücken hatten die unterworfenen Völker den Islam angenommen – nicht durch Bekehrung, nicht durch Mission oder Glaubenszwang! Der arabischen Toleranz, arabischer Geistigkeit und Lebensart und ihren vielfältigen Verzauberungen waren die Christen Spaniens und nicht nur Spaniens allzu leicht erlegen – *nicht* – wie man hartnäckig verfälschend behauptet – durch „Feuer und Schwert"! Was sich freilich änderte, als das spezifisch *arabische Toleranzgebot des Islams* durch die im Osten von Asien her einströmenden Turkvölker und durch die Mongolen, sowie das türkisch-osmanische Reich an verpflichtender Kraft verlor.

Mit Toleranz war es in Spanien natürlich endgültig vorbei, als die christlichen Staaten aus Nordspanien nach und nach die Araber zurückdrängten und 1492 die Reconquista mit der Einnahme des arabischen Juwels Granada und seiner Alhambra ihren Sieg vervollständigte. Denn der Sieg des Christentums bedeutete Austreibung der Juden und Muslime oder Zwangstaufe, sowie Einsetzung eines Generalinquisitors zur Verfolgung aller Andersgläubigen und Aufbietung des Autodafé, der feierlich-öffentlichen Verbrennungszeremonie für die dennoch dem ererbten Glauben in der Stille anhängenden „bekehrten" Juden und Muslime. Mit ihnen versank die großartigste und fruchtbarste Kultur, die der europäische Kontinent während des Mittelalters besessen, in einem Meer von Schrecken, in dem die Wogen des religiösen Fanatismus alles verschlangen.

Dieses Lied eines Verzweifelten, das die Brüder in Nordafrika zur Hilfe rufen sollte, war der Regierung in die Hände gefallen:

Vom Lande Andalusien nun, dem weitberühm-
   ten, will ich künden,
Wie von den Glaubensfeinden es geknechtet wird,
   dem Volk der Sünden.
Gleich wie verirrte Lämmer stehn wir da,
   umzingelt von den Grimmen,
Und wünschen uns den Tod, so viel erdulden
   täglich wir des Schlimmen;
Zu ihrem Glauben zwingen sie gewaltsam unser
   Volk und wollen,
Daß wir gleich ihnen auf den Knien zu ihren
   Götzen beten sollen.
In steter Drangsal leben wir, in steten Ängsten
   und erschrocken,
Zum gottverhaßten Bilderdienst uns rufen sie
   mit ihren Glocken.
Von ihren Spähern sind wir stets umringt, die
   uns den Tod geschworen;
Wer Gott in seiner Sprache lobt, oh! rettungslos
   ist der verloren!
Zu ihrem Dienst sind Häscher stets, um einzu-
   fangen den Verdächt'gen;
Und wär er tausend Meilen fort, sie wissen sein
   sich zu bemächt'gen.
Im düstern Kerker muß er dann auf hartem Boden
   hin sich strecken;
Bei Tag wie Nacht „Besinne dich!" ruft man
   ihm zu, ihn zu erschrecken;
Da liegt der Unglücksel'ge denn, und der Befehl
   sich zu besinnen,
Dröhnt ihm im Ohre nach, indes ihm Tränen aus
   den Augen rinnen;

Ihm bleibt kein Trost als die Geduld, indes, von
      Finsternis umnachtet,
In dem entsetzlichen Verlies er lange, lange Tage
      schmachtet.
Abgründe tief und grauenvoll erschließen sich
      vor seinen Blicken,
Ein uferloses Meer; nicht wird es zu durch-
      schwimmen einem glücken.
Fort in die Marterkammer drauf schleppen sie
      ihn, und jeder Knochen
Wird auf der Folterbank, auf die man fest ihn
      bindet, ihm zerbrochen;
Dann auf dem Platze Attaubin versammeln sich
      die schnöden Christen;
Errichtet wird dort ein Schafott, ein schreck-
      liches, auf Holzgerüsten;
Und diesen Tag vergleichen sie dem Weltgericht;
      zu Schimpf und Schande
Muß, wer zum Tod verdammt nicht ist, dort
      stehn im gelben Bußgewande;
Die andern aber führen sie mit grausen Statuen
      zusammen
Zum lohen Scheiterhaufen fort, und elend sterben
      sie in Flammen.
Oh, wie von einem Feuerkreis umzingelt sind
      wir von Gefahren;
Nicht eine Qual auf Erden gibt es, die unsre
      Feinde uns ersparen![24]

1781 wurde das letzte Todesurteil vollstreckt. Erst 1834
wurde die Inquisition in Spanien aufgehoben.

KAPITEL III

Karl Martell – der „Retter des Abendlandes"?

„Im Jahre 732 drangen die Araber unter Abderrahmans
Führung von Spanien her über die Pyrenäen in Aquitanien ein, schlugen Eudo (Herzog von Aquitanien) und
verheerten die fränkischen Lande bis in die Gegend von
Tours hin mit Feuer und Schwert. Es handelte sich
darum, ob christlich-germanische Bildung und Gesittung oder der Islam, ob Kreuz oder Halbmond über Europa herrschen sollte. Groß war die Not, und die Scha-
ren der Araber waren unzählig. Zwischen Tours und
Poitiers kam es zur Schlacht, sie dauerte einen ganzen
Tag lang; aber einem Hammer gleich zermalmte Karl
mit dem Heerbann seiner hochstämmigen Austrasier,
dem sich die Thüringer, Alemannen und Baiern, ja auch
die Lombarden angeschlossen hatten, die andringenden
Muselmänner, deren stürmischer Andrang sich an der
Tapferkeit Karls und seiner Franken wie an einem un-
überwindlichen Bollwerk brach. Abderrahman fiel; um
ihn lagen – wie es heißt – 375 000 Araber erschlagen, die
anderen flohen. Europa war gerettet, und Karl wurde als
Held der Christenheit geehrt."[25]
So der übliche Bericht von einem Jahrtausendereignis.
Welch spektakuläre Gelegenheit, aus Anlaß seiner
zwölftausendsten Wiederkehr das ehrwürdige Ammen-

märchen von der schicksalhaften Entscheidungsschlacht für Europa wieder aufzufrischen! Von dem
„heiligen Auftrag für alle Araber, die Lehre des Propheten zu verbreiten und sei es mit Feuer und Schwert", wie
eine deutsche Tageszeitung den Gedenktag am 16. Oktober 1982 feierte. Von den „flammenden Worten zum
Kampf gegen Allahs Feinde in allen Moscheen Spaniens"
durch den Statthalter des Kalifen Abderrahman und seinem „gewaltigen Kriegsplan: Ihm geht es nicht nur um
Gallien – ostwärts will er von dort mit seinen Reiterscha-
ren weiterstürmen, durch ganz Europa, bis er in Asien
wieder im Kalifenreich anlangt". Welch visionäre Geschichtsschreibung! – „Unser ganzer Erdteil droht unter
die Zwingherrschaft einer fremden, semitischen Rasse
zu kommen", mutmaßt ein Schulbuch, das den Schul-
kindern das seinerzeit unserem Kontinent vermeintlich
drohende Schicksal durch bildliche Darstellung einer
wild heranstürmenden Horde säbelschwingender,
schwarzhäutiger Krieger nahebringt, die alles Leben
unter den stampfenden Hufen ihrer Gäule niederwal-
zen.[26]
Mittelalterliche Mönche, die sich als Chronisten des
Zeitgeschehens dadurch auszuzeichnen pflegten, daß sie
um den Ruhm der Christen stets durch eine astronomi-
sche Anzahl der von ihnen getöteten Feinde erstrahlen
ließen – sie und die Geschichtsschreiber haben sich allerlei einfallen lassen über die Absicht dieser arabischen Un-
ternehmung vom Raub des Kirchenschatzes in Tours bis
zur bloßen Plünderung oder, um dem Ereignis die ge-
bührenden Dimensionen zu geben, von einem „neuen
Hannibal, der der indogermanischen Kultur ein neues

Cannae bereitet", bis zum alles vernichtenden Völker-
sturm der Hunnen Attilas, von der „Vernichtung der
christlichen Kultur" bis zur Bekehrung zur Religion
Mohammeds.

Und um was ging es in Wahrheit?

Nach Überschreitung der Meerenge von „Gibraltar",
dem nach dem berberischen Feldherrn Tarik benannten
Felsen: „Dschebel al-Tarik", fällt 711 durch die siegrei-
che Schlacht von Wadi Bekka (das fälschlich mit Xeres
de la Frontera verwechselt zu werden pflegt) mit dem
Untergang des stark geschwächten Westgotenreiches
Spanien dem Islam anheim. Zwischen den erobernden
und den arabischen Truppen und nachziehenden Stäm-
men stellen sich Eifersüchteleien ein. Die Berber fühlen
sich zurückgesetzt, ihr Führer Munassa fällt vom Islam
wieder ab und weicht nach Norden zu Herzog Eudo von
Aquitanien aus, dessen Tochter er ehelicht. Der vom Kalifen in Damaskus an seiner Stelle zum Statthalter beru-
fene Abd-er-Rachman ibn Abdallah setzt dem Verräter
über die Pyrenäen nach, überwältigt und tötet Munassa,
besiegt Eudo zwischen Garonne und Dordogne und verfolgt den Fliehenden in Richtung auf Poitiers. Hinter
Poitiers bei Niré treten ihm am 11. Oktober 732 Karl
Martell und Herzog Eudo, der sich mit dem fränkischen
Majordomus vereinigt hat, mit dem austrasischen Heerbann entgegen. Abd er-Rachman fällt, das arabische Bo-
genreiterheer räumt während des Dunkels der Nacht das
Lager. Womit die Sarazenen keineswegs aus Südfrank-
reich verschwunden sind – wie die angebliche Vernich-
tungsthese behauptet. Seit zwei Jahrzehnten und noch
für weitere Generationen sitzen sie in der Provence, in

Narbonne, Carcassonne, Nîmes. Karl Martell wird noch dreimal und mit wechselndem Erfolg gegen sie ziehen, und seine Nachfolger haben reichlich hundert Jahre damit zu tun, die von Sarazenen stark befestigten Städte zu erobern und sie über die Pyrenäen zurückzutreiben.

Karl selber und seine Zeit haben seinem Kampf gegen die Araber keineswegs gleiche Bedeutung beigemessen wie seiner Bezwingung der Friesen, der Sachsen und Alemannen. Als Kaiser Ludwig der Fromme die Leistungen seiner Vorfahren verherrlicht, läßt er die Unterwerfung der Friesen als die Großtat seines Urgroßvaters Karl auf die Wände der Pfalz von Ingelheim malen: Diese war es, die ihm den Ehrennamen des „Hammers" eingetragen hatte.

Karl Martell freilich als „Held der Christenheit" und „Retter des Abendlandes" zu feiern, wie eine spätere, auf Kreuzzugspropaganda gestimmte Heldenverehrung ihm, den Glaubensdinge gleichgültig ließen, andichtete, hätte zu seiner Zeit eher beißenden Sarkasmus hervorgerufen. Denn die Kirche hat in dem Sieger von Poitiers keineswegs den Schützer und Bewahrer der Christenheit gesehen, sondern ihn als Kirchenräuber verdammt, der aus kirchlichen und klösterlichen Bauten, Ländereien und Kirchenschätzen seine neuen Reiterheere gerüstet und mit Lehen ausgestattet hat, dessen Grab darum leer und verkohlt, dessen Leib vom Teufel in die Hölle entführt worden sei.

Auch gibt es zur Zeit der Schlacht noch gar nicht ein „christliches Abendland". Entschied sich 732, ob Christentum oder Islam – und nicht eher, ob im westlichen Europa eine romfreie oder romgebundene Religion

54

herrschen würde? Im Jahre 732 ist alles noch in der Schwebe. Gregor III., ein Syrer, sendet eben den Angelsachsen Bonifatius zu den rechtsrheinischen Franken, sodann zu den Hessen und Thüringern, von wo immer wieder seine bitteren Klagen über „die steinigen, unfruchtbaren Herzen" nach Rom kommen, „die in Germaniens dunklen Wäldern im Irrtum des Heidentums befangen auf Anstiften des Teufels im Schatten des Todes irren"[27] und sich dagegen wehren, sich unter den katholischen Gehorsam und die Herrschaft eines fremden Gottes zu beugen.

Was auch geschehen wäre, wenn eines dieser Ereignisse anders verlaufen wäre, ob Europa ein besseres oder schlechteres, ein elenderes oder glücklicheres geworden wäre, kann niemand sagen. Sicher ist nur, es wäre ein anderes Europa geworden. Zwar die Geschichte hat es nicht mit Wenns oder Aber, sondern mit Tatsachen zu tun. Dennoch haben die Historiker[28] diese Frage immer von neuem aufgeworfen und sie bereits selbst einseitig aus ihrer christlich-abendländischen Sicht jeweils mit einem Schlagwort und in apodiktischer Sicherheit beantwortet, die weder Zweifel kennt noch Beweise. Und die eben deshalb sie neu zu durchdenken auffordert:

Kein Geschichtswerk[29] versäumt nachträglich festzustellen, diese angebliche „Entscheidungsschlacht" habe „das christliche Abendland gerettet", „die christliche Bildung und Gesittung" — von der ja noch keine Rede sein konnte und an der es im Gegenteil während der Missions- und Nach-Missionszeit erschreckend gebrach — „vor der Vernichtung durch den Islam bewahrt", den ganzen Erdteil angeblich vor seiner „Orientalisierung und Semitisierung" verschont und die „europäische Zivilisation" vor dem „Absterben" und „Eingehen" geschützt.

Niemand aber hat sich darum gesorgt, was in ihrer Konsequenz durch massenweise Zwangstaufen und bei ihrer Verweigerung durch Hinschlachten Tausender,[30] an brutalen Menschenrechtsverletzungen, an körperlichen und seelischen Vergewaltigungen geschehen ist, um den eigenen, sehr lebendigen Glauben[31] in den Köpfen der hier lebenden Menschen auszulöschen und einen diesen Menschen fremden an seiner Stelle einzupflanzen. Wer von jenen Geschichtsschreibern hat bedacht, daß es eben die Botschaft Roms, daß es gerade die Verkündigung des Bonifatius war, die eine „Orientalisierung" durch den fremden Dualismus, eine „Semitisierung" des Menschenbildes vom „Sünder", den Glauben an seine Schwachheit und Erlösungsbedürftigkeit und der gefallenen Natur hervorrufen mußte? Wer von jenen, die den Sieg christlicher „Gesittung und Menschenwürde" in diesem vermuteten Zweikampf zweier Welten feiern, ahnt, wieviel Tränen täglich von den zur Urheberin und Mutter der Sünde erniedrigten Frauen,[32] dem Mann gegenüber zum Gehorsam verpflichteten Prügelobjekten durch fünfzehn Jahrhunderte geweint, wieviele Tausende als Hexen auf dem Holzstoß lebendig verbrannt worden sind? Wer ermißt heute noch, wieviele religiös selbständige Männer und Frauen, aus ureigenem religiösem Erleben Schöpfende,[33] verfolgt und hingemordet, wie viele Forscher und Wissenschaftler,[34] die den sich auf die Bibel Berufenden widersprachen, umgebracht wurden, wieviele Menschenleben die Glaubenskriege und Massaker an Andersgläubigen gekostet haben? Wieviel Haß aufgewiegelt wurde, so daß Christen glaubten, in Judenpogromen Rache[35] für die Kreuzigung Jesu zu nehmen?

Die abendländische Geschichte selbst hält den Gegenbeweis gegen den als Menschheits- und Kulturbedrohung an den Pranger der Weltgeschichtsschreibung gestellten Islam bereit: ein zu jener Zeit einzigartiges Beispiel — man könnte sagen: die glücklichere Rückseite dieser düsteren Medaille — nicht für eine kurze, gesegnetere Spanne von wenigen Jahren, nein — von der Dauer von sieben bis acht Jahrhunderten: Spanien!

Der Gegenbeweis: Das arabische Spanien

Das Beispiel Spanien zeigt, daß — während diesseits der Pyrenäen jeder andere Glaube neben dem „alleinseligmachenden", wo immer im Abendland er sich hervorwagte, im Zuge einer rigorosen „Apartheid"-Politik gegenüber allen Nicht-Christen liquidiert wurde — dort in fast achthundertjähriger Araberherrschaft das Christentum weder ausgerottet noch untergegangen ist. Das Beispiel Spanien zeigt gleichzeitig, daß das Judentum — das seitens der christlichen Kirche als Sündenbock für den Tod Christi herhalten und seit Einsetzen der Kreuzzüge durch Christen unaufhörlich schlimmste Pogrome erdulden mußte — unter arabischer Herrschaft als „Schriftbesitzer" und „Schutzbefohlene" bis zur Vertreibung aus dem wieder christlichen Spanien, zum erstenmal seit der „Zerstreuung" ihre Befreiung zu voller Entfaltung und voller Autonomie erhielt.

Das Beispiel Spanien zeigt ferner, daß dort ein verarmtes, verwahrlostes, geknechtetes Land innerhalb von zweihundert Jahren arabischer Herrschaft durch den Wohlstand aller Kreise seiner Bevölkerung, durch die Bildung aller Volksschichten, durch die Höhe seiner Kultur, seiner Wissenschaften und aller Künste weit vorn an der Spitze Europas und der weithin ganz unterentwickelten, durch die geistfeindliche Kirche steril gehaltenen christlichen Welt stand, Vorbilder und vielseitige Anregungen gebend, und diesen hier absolut einzigdastehenden Vorrang durch ein halbes Jahrtausend unbestritten hielt — bis es von außen durch das christliche Spanien zerschlagen wurde.

Die auf dem Kontinent einsam dastehende Kulturblüte des arabischen Spaniens gedeiht auf diesem Boden einer überwältigenden Toleranz, auf dem — im Gegensatz zu Isidors Verfolgung der Juden und Häretiker in der Westgotenzeit — alle so unterschiedlichen Geister in fruchtbarer Harmonie zusammenwirken, ohne im mindesten in ihrer Windstille zu entarten: Araber und Goten, Ägypter und Berber, Syrer und Juden, Perser und Iberer, überwiegend als Muslime, aber unbehindert ebenso als Christen und Juden. Diese dem Islam selbstverständliche Bereitwilligkeit, christliches Bekennen ohne weiteres zuzulassen, war für einzelne Christen so ungewöhnlich und reizte sie zu geradezu märtyrerhaftem Fanatismus. So entschloß sich ein junger christlicher Schreiber am Hofe zu Cordoba, in ein Kloster einzutreten, und erbat als Mönch ein Gespräch mit dem obersten Kadi des Königreiches, angeblich in der Absicht, zum Islam überzutreten. Doch ohne Umschweife ergriff der junge Mönch

das Wort und beschimpfte den Islam und seinen Propheten als höllischen Betrüger. Vergeblich versuchte der
wohlwollende Richter alles, um den fanatischen Jüngling von seinen Schmähungen abzubringen und ihn als
einen Geisteskranken vor der Todesstrafe zu bewahren.
Für den jungen Christen war es gar nicht vorstellbar, daß
ein muslimischer Richter einem Andersgläubigen helfen
wollte. Der weise Kalif berief daraufhin eine Bischofssy-
node, auf der derartige bewußte Herausforderungen des
Martyriums – wie sie plötzlich in Mode gekommen waren – als bloße Schwärmerei eingestuft wurden.[36]
Die Jahrhunderte hindurch ganz Europa überstrahlende
Kulturblüte[37] ist umso überraschender, als sie nicht
etwa an alte Reste oder ausgebildete Strukturen einer
hier gewachsenen Kultur von Bedeutung anknüpfen, bereits Vorhandenes übernehmen oder gar nachahmen
konnte, wie in den alten Kulturländern des Ostens. Der
Boden, auf dem sie überraschende Zweige und Knospen
entfaltet, ist weitgehend steril geblieben und unbebaut,
im Verlaufe seiner bisherigen Geschichte von keinen
nennenswerten kulturschöpferischen Kräften gepflegt
worden.
Die jetzt emporwachsende, einzigartige Schönheit dieses Paradieses der Baumeister, Sänger, Dichter, Wissenschaftler, des Paradieses auch der Frauen – von dem das
Abendland sich die wildesten, verteufelnden Phantaste-
reien entwarf und doch nicht die mindeste Kunde, nicht
die blasseste Vorstellung besaß – war von Arabern nahezu aus dem Nichts geschaffen. Und kraft der Ausstrah-
lung ihres Geistes auf die so verschiedenartigen Rassen
und Zeiten, die in einer allesüberwölbenden Harmonie

Gestalt und Symbol fand: in der Großen Moschee von Cordoba.

Hier hatte eine Kirche gestanden. Auch dies ein bezeichnendes Beispiel für den Umgang mit den Unterworfenen: statt sie zu enteignen, kaufte der Kalif sie der christlichen Gemeinde für einen hohen Betrag ab, mit dem die Christen neue Kirchen bauen sollten. Dann ließ er sie abreißen und aus ihren Steinblöcken und aus antiken Säulen, aus persischen und arabischen Stilelementen eine von Grund auf neue Moschee nach arabischen Baugedanken errichten, einen unabsehbaren Wald von Säulen und Säulenschäften, über dem Rundbogen und, sie überragend, Hufeisenbogen schweben, die mit dem strengen Rhythmus von rotem und weißem Stein in unbegrenzbarer Dünung auf das mit herrlichen Arabesken überrieselte Mihrab zuschwingen, so daß aus der Mannigfaltigkeit herkunftsverschiedenster Formen und Handwerker nichts etwa von einem Flickwerk entstanden ist, das aus Altem Neu macht – vielmehr das Ganze, vergleichbar der arabischen Dichtform der Kasside, auf den einen Nenner, auf den selben Reim gebracht ist: arabisch. Und bezeichnend auch dies: weder die christlichen Kirchen noch die jüdischen Synagogen konnten sich dem arabischen Stil ganz entziehen. Was hier im Bereich der Baukunst in Cordoba, Toledo, Granada, Sevilla emporblühte, das trieb die schöpferische Dynamik dieses Volkes auf allen Feldern Andalusiens aufs glücklichste hervor.

Nicht nur den vordem kaum bebauten kulturellen Feldern, auch der ausgedörrten, harten Erde der kahlen Hochebenen, der Mesetas, haben sie dank ihrer jahrhundertelangen Erfahrung im Bohren von Brunnen, in Bewässerung mit den Norias, riesigen Wasserrädern, mit gewaltigen Anlagen von Stauwerken, Berieselungssystemen und Wasserleitungen üppig blühende Terrassen und Gartenanlagen mit Obstanpflanzungen aller Art im Überfluß und Kornfeldern abgerungen, die drei bis vier Getreideernten im Jahr ausschütteten. Sie brachten ihre Erfahrungen aus der östlichen Steppe in die Tierzucht als geübte Pferde-, Maultier- und Rinderzüchter ein, wobei sie als erste die künstliche Besamung anwandten.

Sie erschlossen Bergwerke, die über tausend Jahre geruht hatten, und förderten Eisen- und Kupfererze, Zinn und Quecksilber, die über ihre uralten, länderüberspannenden Handelsstraßen weit in den fernen Osten über Bagdad oder Alexandrien nach Indien und China gelangten. Auf ihnen reisten Luxusgüter und Rohstoffe, Gesandtschaften und Nachrichten. Auf ihnen reisten die Agenten des hochgebildeten Emirs al-Hakam von Andalusien, die überall im Reich die angesehenen Autoren in den wichtigsten Wissenschaftszentren aufsuchten und ihre neuesten Manuskripte oft schon vor der Fertigstellung aufkauften, die, in Cordoba von emsigen Abschreibern kopiert, die Regale der Moscheen und Schulen, der über zwanzig öffentlichen Bibliotheken und die Kästen der Buchhändler im Buchhändler-Souk füllten.

Zu einer Zeit, in der nördlich der Pyrenäen Bücher ihres Seltenheitswertes wegen in Klöstern an Ketten befestigt wurden. Und während dort die Geistlichkeit jeden Versuch, „Erkenntnis zu suchen und zu forschen, nachdem das Evangelium verkündet ward", als Gotteslästerung, – wie Tertullian und Augustinus „die krankhafte Neugier" verdammen — als eine der „gefährlichen Formen der Versuchung" der Verfolgung preisgibt.

Angezogen vom Ruf der Hohen Schulen des maurischen Spaniens, teils diesem wissenschaftsfreundlichen Milieu selbst angehörend, finden sich hier die besten Forscher und Fachgelehrten aller Wissenschaftszweige an den berühmten andalusischen Universitäten zusammen. Die späteren Übersetzungen ihrer Werke ins Lateinische durch die weltberühmte Übersetzerschule Toledos enthüllen die große Vielfalt namhafter Forscherpersönlichkeiten der verschiedensten Disziplinen wie Abu'l-Qassim, Ibn Sochr, Ibn Rushd, Ibn Tuvail, Abu Marwan, Ibn al-Chatib, Al-Bitrudschi, Ibn al-Baitar, Ibn Firnas, Ibn Chaldun, Ali al-Ridjal, Djabir ben Aflah und viele andere mehr, die dem bedürftigen Abendland wertvolle Impulse und Anregungen gaben.[38]

Auch der Sänger, dessen ungewöhnlicher Ruhm Andalusiens Ruf durch alle arabischen Länder verbreitet, ist seinerseits der Anziehungskraft des Kalifenhofes von Cordoba erlegen, der Musiker und Sänger Sirjab, der als arbiter elegantiarum das gesellschaftliche Leben und die musikalische Erziehung des Hofstaates und des ganzen singenden und klingenden Landes regierte.

Die arabische Sangeskunst, die sich im Osten, in Mekka und Damaskus, in Basra und Bagdad gemeinsam mit der Dichtkunst hoher Gunst und Pflege erfreute, erwachte in Andalusien wieder, nachdem mit dem verheerenden Einbruch der Mongolen eine fremde Monotonie den Zauber der syrisch-pythagoreischen Tonart verdrängt hatte. In Spanien sprudelten die Quellen der durch Melodie und Rhythmus typischen andalusischen Musik im

Verein mit der gereimten Dichtung von eigenem Charakter und eigenem Reiz in ungewöhnlicher Fülle, als seien sie das natürliche Ausdrucksmittel des Andalusiers. Seine Freude an der Eleganz der Wortwahl, an prägnanten Rhythmen und dem gelungenen Reim war Hoch und Niedrig gemeinsam und gereichte hier zur spielerischen Unterhaltung.

Arabisch-andalusische Grenzüberschreitung

Eins der erlesensten Gewächse auf dem reichen Felde arabischer Kultur und Dichtkunst, das schon in der Wüste einen hervorragenden Platz im Leben der Stämme eingenommen hatte und heute noch bei den Tuareg gedeiht, das seine besondere Pflanzstätte an arabischen Fürstenhöfen vornehmlich in Badgad fand, in Andalusien aber seine reichste Blüte entfaltete, waren Minnedienst und Minnesang, denen ein spezifisch arabisches Verhältnis von Mann und Frau zugrundeliegt. Wir werden zu ihrem Verständnis im Zusammenhang mit der Rolle der arabischen Frau darauf zurückkommen.
Der mächtige, zum Jähzorn neigende Emir al-Hakam I. von Andalusien hatte als unterwürfiger Liebhaber diese Verse „an die Gazellen" seines Harems gerichtet:

> „Sie unterjochen mich, einen Herrscher,
> dessen Beschlüsse sich der Liebe unterwerfen,
> wie einen gefesselten Gefangenen.
> Das Übermaß der Liebe hat ihn zu ihrem Sklaven
> gemacht,

obgleich er ein mächtiger König ist!
.....
Lieber legt er seine Wange demütig auf die Erde,
als daß er sich auf eine seidene Liegestatt bettet;
Demütiges Gebaren ziemt einem freien Mann,
sobald er ein Sklave aus Liebe wird!"[39]

Doch was jenseits jeder Wahrscheinlichkeit schien, er-
eignete sich wie ein lautloses Erwachen des Abendlandes
aus jahrhundertelangem Tiefschlaf: In der Provence begann es und wuchs sich aus zur modischen „Gefangen-
nahme" der höfischen Kreise, eroberte mit seinem
Charme alsbald auch Nordfrankreich und schlug
schließlich Süddeutschland und Österreich in seinen
Bann. Andalusiens „Revanche" für Poitiers!
Wo Karl Martell das Sarazenenheer und seinen Feldherrn besiegt hatte, dort siegte 333 Jahre später das bezau-
bernde arabische Geschöpf, der Minnesang, und zwar
mit einem Heer der gefangenen arabischen Sängerinnen
und Tänzerinnen, die der Herzog von Aquitanien und
Graf von Poitiers 1065 von dem päpstlichen „Kreuzzug"
gegen die sarazenische Grenzfeste Barbastro mit heimge-
bracht hatte. Kein Wunder, daß sein Sohn, der junge
Herzog Wilhelm IX., Graf von Poitiers, dem von Jugend
an die Lautenklänge und Minnelieder in den Ohren klan-
gen und der mehrfach mit arabischen Fürstenhäusern
verschwägert war, als „einer der größten Hofleute und
der größten Frauenverführer" galt: „ein Ritter, tapfer in
Waffen und unbändig im Minnedienst". Wilhelm IX.,
erlag der Invasion des arabischen Geistes als der erste
Troubadour der Geschichte, dem ein ganzer Kranz von

Dichtern und Sängern im Dienste der Minne als höfischer Gesellschaftskunst nachfolgte.

Denn was von den Arabern bitterernst empfunden wurde, hier wurde es zu einer Mode,[40] zum galanten Spiel. Und zur Spielregel gehörte die Versicherung:

„Dein eigen bin ich, Herrin mein,
Zu deinem Dienste stets bereit."

und die Sehnsucht,

„Bei ihr, ihr Sklav zu sein! –
Vor ihr zu knien – um ihre Gnade zu flehen".

Was aus Frankreich zu den Deutschen herüberwehte, war hier revolutionär – ein Wirbelsturm, der in seiner wurzelausreißenden Radikalität alles Dagewesene auf den Kopf zu stellen schien. Seine Wirkung war zwiespältig und befremdend. Dieser Dienst um Minne galt nicht *den* Frauen, sondern einer ganz bestimmten – zwar nicht einem jungen Mädchen, sondern einer verheirateten Frau –, nicht aber der eigenen, sondern der Ehefrau eines anderen. War die verheiratete Frau, wie Kirche und Kirchenvolk verlangten, als die sündige Evastochter die gehorsame Dienerin ihres Herrn und Gebieters, dessen Willen und Befehle sie in Demut zu befolgen hatte, so trat sie unter dem allesumstürzenden Vorbild bei Hofe dem sie anbetenden Ritter, der vor ihr demütig das Knie beugte, sich selbst zu ihrem Diener erniedrigte und sich in ihren Willen ergab, als die hoch über ihn erhöhte Herrin entgegen, die mit ihrer „Gnade" geizt:

„Mir hat ein Weib ihre Gnade aufgekündigt,
der ich gedienet hab mit Stetigkeit"

(MF 206,103)

klagt Hartmann von Aue, indes Heinrich von Morungen rät:

„Der ist weise, der dort dient,
wo man seinen Dienst gut aufnimmt,
und sich vertrauend dorthin wendet,
wo man an ihm Gnade übt." (MF 134,14)

während Reinmar von Hagenau versichert:

„So ganz bin ich ihr untertan,
daß ich ihre Gnade ungern verliere.
Ich freu mich, daß ich ihr dienen soll,
auch wenn sie es mir gering nur lohnt.
Sie mag mir glauben, wenn ich die Not ihr klage,
die ich im Herzen durch ihre Schuld ertrage."

(MF 159,28)

Freilich hat dieses Vorbild der Geschlechter im arabischen Minnesang, das ja nicht unvermittelt in seinem ursprünglichen Gewand, sondern schon abgewandelt im provenzalisch-französischen bei uns auftaucht, mit der Vorspiegelung von Scheingefühlen und als der Realität Hohn sprechende Mode unter beiden Geschlechtern viel Kritik und Unwillen[40a] hervorgerufen. Dieses Werben um Gewähren der Minne bei der Gattin eines anderen, indes zuhause die angebetete „gnädige Frau" ihre Gehorsamsrolle als züchtige Dienerin ihres Mannes weiterzuspielen hatte und der galante Kavalier auf der eigenen Burg seine Gebieterrolle fortsetzte, stürzte die Deutschen in große Verwirrung. Die Frauen beklagten sich, daß sie den „süezen worten" des Kavaliers nicht trauen können und auf seine galanten „Lügen" hereingefallen seien – die Männer, daß die Frauen ihr höfisches „Dienen" falsch verstehen, sei es, daß sie es zu ernst, sei es, daß sie es nicht ernst nehmen, sei es, daß ihre zu große Ergebenheit oder zu großer Stolz sie kränken.

Daß die Unverbindlichkeit nur die Unterhaltung würzen sollte, ließ das Aufbegehren der deutschen Minnesänger gegen die fremde Konvention anwachsen. Allen voran beklagte sich Walther von der Vogelweide:

„Minne taugt nicht einsam,
Sie soll sein gemeinsam,
So gemeinsam, daß sie geh
Durch zwei Herzen
Und durch keines meh'.“

Doch wo die Deutschen lernten, daß diese Galanterie möglicherweise gar den inneren Abstand verbürgt und dem Beherrschen und Verhüllen persönlichster Gefühle dienen kann, dort hat sie sich bei ihnen behauptet.

„Aber das arabische Vorbild hat auch Tieferes bewirkt. Daß man begann, auszusprechen, zu artikulieren, sich dessen bewußt zu werden, was bisher dem innersten Persönlichkeitsbezirk vorbehalten war, und daß man andere, neue Weisen des Zueinanders von Mann und Frau kennenlernte, sich in sie einzufühlen, sie nachzuempfinden suchte – oder sie auch verwarf –, das alles brachte ganz neue, ungeahnte Saiten im Wesen der Deutschen zum Schwingen. Und dabei erfuhr das arabische Muster der Ergebung, der Hingabe an ein Höheres, des Hinaufblickens und Hinaufliebens, das reinigende, steigernde Kräfte freimachte, eine eigentümliche Prägung und Tiefe durch einen neuen, spezifisch deutschen ethischen Idealismus.

Es war, als rettete die so verstörte, von allem biblischen, mönchischen Frauenhaß so schmerzhaft zertretene hohe Persönlichkeitswertung der germanischen Frau sich in die neuartige Frauenverherrlichung. Als suchte

das unter den kirchlichen Zwangsmitteln nicht ganz er-
tötete Bewußtsein dessen, daß den Frauen dank ihres tie-
feren Wurzelns im Urgrund des Seins ‚etwas Heiliges in-
newohne' (Tacitus), sich zu flüchten unter dem Bild des
hingebungsvoll dienenden Liebhabers in eine vergeistigte, sittlich verklärte Liebe. Die liebende Hingabe
wurde zur Läuterung des Liebenden, die geliebte Frau
zur Verkörperung und Vermittlerin ewiger Werte, die
den Mann zu sich emporzieht – im Sinne des Zielgedan-
kens, den Goethe in die Schlußworte des „Faust" geklei-
det hat: ‚Das Ewig-Weibliche zieht uns hinan.' "[41]

Hier wird deutlich: Die reine Nachahmung ganz andersartiger Vorbilder gibt allerlei menschliche Probleme auf
– sie kann sinnvoll *nur* im Sinne des *eigenen* Wesensgesetzes *„an-geeignet"* werden. Mehr als in anderen Bereichen zeigt sich im Verhältnis von Mann und Frau – wie
wir sahen –, daß Verhaltensweisen auf andersangelegte
Menschen nicht im ursprünglichen Sinne übertragbar
sind und das Wesen verfälschen. Und es zeigt sich – wie
wir sogleich sehen werden –, daß manche unserer Begriffe in anderen Denkwelten ganz andere Bedeutung haben, ja deren Wirklichkeit verfehlen müssen –, was zu
groben Mißverständnissen und Fehlurteilen beiträgt.
Zum Beispiel: „Gehorsam".

KAPITEL IV

„Unterdrückung der Frau im Islam"?

Hinter Haremsgittern vor Männerblicken versteckt, in der schwülen Atmosphäre eines zügellosen Liebeslebens mit Nichtstun, Klatsch und Eifersüchteleien auf die drei Nebenfrauen beschäftigt – so pflegt der Europäer die Frauen in der Welt des Islams vor sich zu sehen. Frauen, die nur tiefverschleiert den Harem verlassen dürfen, Frauen, zur Lust des Mannes erschaffen. Rechtlose unterdrückte Wesen ohne Seele, die wie eine Ware ihren Eltern abgekauft werden. Ja, die Tausende in den Schador gewickelten Anhängerinnen Khomeinis, die, eher schwarzen Vögeln als Menschen ähnlich, Teherans Straßen verdunkelten, bestätigten nur jene Vorstellung tieferniedrigter islamischer Weiblichkeit einer frauenfeindlichen Männerreligion.

Und doch haben weder der Schleier, noch der Harem, noch ihre Rechtlosigkeit und angeblich tiefe Erniedrigung durch den Mann, noch gar die grundfalsche These von der ihr fehlenden Seele etwas mit dem Islam zu tun: Weder sind sie vom Koran noch vom Propheten Mohammed befohlen. Ja, was stimmt überhaupt an diesem Bild – und was nicht?

Der Heilige Koran, die alle religiösen, privaten und staatlichen Bereiche gesetzlich regelnde Vorschrift Gottes, unterstreicht die *Gleichheit des Wesens und der Würde von Mann und Frau* in ihrer Gott-Mensch-Beziehung und allen religiös-seelischen Belangen, in rein menschlicher und moralischer Hinsicht wie in sozialen und finanziellen Angelegenheiten. Sogar gleicher Lohn steht beiden zu. „Die Frauen haben – heißt es im Koran 2,228 – (für die Behandlung von seiten der Männer) dasselbe zu beanspruchen, wozu sie ihrerseits ihnen gegenüber verpflichtet sind."

Doch jetzt folgt ein Satz, der für uns alles wieder einzureißen scheint: „Aber die Männer stehen (in alledem) eine Stufe über ihnen", und diese sollen ihren Männern „gehorchen". Darin liegt für den Araber jedoch kein Widerspruch, denn hier geht es nicht um einen moralischen Rangunterschied. Anders als für Jahwe in der Genesis,[42] für Paulus,[43] den Hl. Thomas[44] und Luther[45] bedeutet dieser „Gehorsam" nicht die Strafe für die Sünd- und Triebhaftigkeit der Eva: Im Koran ist die Frau *weder Urheberin einer Sünde noch Verführerin des Mannes* – beide werden hier von der Schlange verführt, ohne erbsündig zu werden. Beide Geschlechter sind „aus gleichem Wesen", beide mit einer unsterblichen Seele begabt. Doch bei gleicher Wesenheit und gleicher Wertigkeit liegt zwischen Mann und Frau ein Abstand, ein Spannungsfeld. Wie auch zwischen Gott und Mensch.

Denn dies gilt für alle Menschen und Religionen: Das Verhältnis der Geschlechter hat seinen metaphysischen Grund im ganzheitlichen Sein des Menschen[46] und ist untrennbar von seinem Verhältnis zur Welt, zum Schicksal, zu Gott. Darum entspricht – überall – die Struktur der Urbeziehung zwischen Mann und Frau seiner Beziehung zu dem so oder so erlebten Göttlichen.

„Islam" heißt Ergebung in den Willen Gottes, demütige Hingabe, Gehorsam: zu „salam" gehörig sprechen dabei Vertrauen, Freiheit von Bedrohung, Frieden mit. „Islam" kennzeichnet auch die Gebärde zwischen den Geschlechtern: In ihrer Bezogenheit aufeinander als Mann und Weib sind sie ebenfalls durch vertrauende Ergebung, Unterwerfung, Hingebung bestimmt. Dieser „Gehorsam" ist nicht etwas, worunter man leidet, sondern was man – genießt, nicht etwa, was einen mindert, sondern ein höchster Wert: vor Gott wie in der Liebe. Eine Gabe für den, der sie empfängt – für den Sich-Hingebenden (wie ein Lied sagt) „Herrlichkeit und ein zweites Königtum". Und diese Rolle *des gehorchend sich Ergebenden* übernehmen abwechselnd *beide*: In Liebeswerbung und Liebeskunst ist es der Mann, der als gehorsamer, demütiger Diener vor der angebeteten Geliebten kniet. In der Ehe, um die es im Koran geht, *will* die Frau den Mann als den Überlegenen, weil ihr Stolz nur dem sich hingeben, sich fügen will, zu dem sie emporblicken kann.

Im Unterschied zum Urkonflikt zwischen Adam und Eva im Alten Testament und zu dem sich über die nachkanonischen Schriften, Paulus, Tertullian, Chrysostomus bis zu Petrus Damiani[47] steigernden Frauenhaß, der sogar den Hexenhammer weit in den Schatten stellt, kennt der Islam keine Sündigkeit der Frau und keinen Geschlechterkampf: in der Ehe noch Öffentlichkeit. Im Gegenteil: Sure 30 weist die Gläubigen auf „Liebe und Zärtlichkeit" hin und auf den „Frieden", den die Männer bei den Frauen finden. Vor seinem Tod legt Mohammed ihnen die Verantwortung für die Frauen ans Herz:

„O Leute, *in Wahrheit haben die Frauen Rechte über euch!*
Sichert ihr ihnen die beste Behandlung! Ihr habt sie genommen als *von Gott anvertrautes Gut* – ich befehle
euch, sie liebevoll zu behandeln!" Mehr als den Vätern
werden Güte und Fürsorge den Müttern zuteil, „unter
deren Füßen das Paradies ist". Besondere Verantwortung lenkt er auf Zärtlichkeit und Fürsorge für die kleinen Töchter, die einst von den Beduinen um des für ihre
nomadische Lebensweise hinderlichen Frauenüber-
schusses willen oft bei der Geburt getötet wurden, jetzt
„ebenso wie die Söhne behandelt werden und dieselben
Möglichkeiten der Erziehung und des Unterrichts empfangen" sollen – wie er auch beiden, „Männern und
Frauen, nach Wissen zu streben", aufträgt.
Eine Fehlvorstellung, die die Phantasie des Europäers
über die Maßen beschäftigt und ihn zu moralischer Kritik herauszufordern pflegt, betrifft die *Mehrehe*. Nach
der an Toten und Gefallenen verlustreichen Schlacht bei
Ochod hatte der Prophet die einzige Lösung der Versorgung der Witwen und Waisen in der Ehe „bis zu vier
Frauen" als *soziale Notwendigkeit* gesehen, die freilich
nur unter bestimmten Bedingungen gilt. Denn der Ehe-
mann ist *verpflichtet,* alle vier *gleich gut und gerecht zu behandeln,* und dazu gehört, für den eigenen Wohnraum
und standesgemäßen Lebensunterhalt einer jeden zu sorgen. Sure 4.3 warnt: „Überlegt gut – nehmt nur eine,
zwei, drei, höchstens vier Frauen. Fürchtet ihr aber un-
gerecht zu sein, so nehmt nur eine... Ihr könnt nicht vollkommen gleich gegenüber einer jeden sein, selbst wenn
ihr wolltet." Das Ideal, um der Pflicht zu liebevoller, ge-
rechter Behandlung zu genügen, ist die Einehe, der ge-

genüber die Mehrehe abgesehen von Kalifen und Fürsten die Ausnahme blieb.

Während der Mann allein das Recht zur Scheidung hat, besitzt tatsächlich die Frau zwei gesetzliche Möglichkeiten, bei Abschluß des Ehevertrages sich zu schützen und ihrem Mann von ihr gewünschte Verpflichtungen aufzuerlegen. Zu ihrer Sicherung trägt auch die Brautgabe bei.

Und hier nistet ein weiteres Vorurteil infolge mangelnder Unterrichtung, was abermals zeigt, wie manches, was westliche Phantasie sich ausmalt, oft ganz andere, für das frühe 7. Jahrhundert *beachtliche soziale Motive* hat: die Frau sei eine *Ware*, für die der Mann *die Familie bezahle*. Der *Braut* gibt der Bräutigam die „Morgengabe", von der sie die Hälfte vor Vollziehung der Ehe erhält und *das volle Verfügungsrecht* über dieses Vermögen; im Fall einer Scheidung hat er ihr die restliche Hälfte auszuzahlen, damit sie *finanziell sichergestellt* ist. Und dies führt zum Kern ihres Verhältnisses:

Während in der Ehe die Frau sich dem Mann unterstellt, trägt er „die Verantwortung für sie" und die Pflicht, ihr ihrem (nicht seinem!) gesellschaftlichen Stande entsprechend Brautgabe, Unterhalt, Kleidung und Bedienung zu gewähren. Kein Zweifel, die von Europäern geschneiderten Begriffe von Patriarchat und Gleichberechtigung verfehlen hier die Sache. Vielmehr gilt: Mann und Frau besitzen *gleiche Rechte der Qualität nach, nicht aber in allen Bereichen identische Rechte*.

So spielen auch die Frauen des Propheten eine bedeutende und selbständige Rolle. Allen voran seine Ehefrau durch 24 Jahre, eine vermögende Kaufmannswitwe, die selbständig ein Handelshaus leitet, Karawanen aussendet, mit entfernten Metropolen Handel treibt und der erste Mensch ist, der an seine Berufung glaubt und ihn ermutigt, trotz seiner Zweifel an sich selbst ihr zu folgen.

Die Frauengenerationen der ersten islamischen Jahrhunderte entsprechen noch ganz dem Vorbild der freien, selbständigen und selbstbewußten Frauen der Vorzeit. Sie spielen selbst eine führende Rolle auf dem Schlachtfeld wie auch sonst im öffentlichen Leben. Des Propheten spätere Gattin Aisha übt bedeutenden Einfluß auf die Sammlung und Sichtung der Hadith-Tradition, der Aussprüche Mohammeds. Noch immer erfreut man sich am Hofe der Omaijaden an den Geschichten von stolzen, hochfahrenden Frauen, die sich die Herzen der Männer gewinnen, deren Sinn sie zu Heldentaten anfeuern und deren Anerkennung für den Mann höchste Anerkennung ist. Sie lernen und lehren selber in den Moscheen. Bedeutende Rechtsgelehrte fordern die Frauen für das Richteramt. Man sieht Juristinnen in Moscheen auftreten, öffentliche Vorlesungen halten und Gesetze auslegen. Unter ihnen eine Staatsrechtlerin, die vielgepriesene „Meisterin der Juristinnen". Sie sind anerkannte Richterinnen, Theologinnen, Dichterinnen, und niemand findet das absonderlich. Aber das sollte bald ganz anders werden.

Verfremdung durch Schleier und Harem

Auf zwei Wegen tritt unter fremdem Einfluß – von Persien kommend und von Byzanz – ein Wandel ein und wird sichtbar am Hof Harun ar-Raschids in Bagdad: Gehörten Khaisuran und Subaida, Mutter und Gemahlin des Kalifen, noch zu den großartigen Vollblutaraberinnen, so gewinnen allmählich die persischen Konkubinen und Sängerinnen beherrschenden Einfluß auf das ausschweifende Vergnügungsleben. Persische und byzantinische Sklavinnen werden Beischläferinnen und Mütter von Kalifen. Mit ihnen erobern sich Schleier und die Absonderung der Frau im Harem, verbunden mit dem Eunuchentum des christlichen Byzanz, die Hofgesellschaft, Sedimente der im persischen Dualismus gründenden Unfreiheit der Frau. Und was als elegante Mode Statussymbol der Vornehmen am Hofe ist, gilt bald der Städterin als nachahmenswert — ohne hingegen die freizügige Beduinin und die schwerarbeitende Fellachin zu überzeugen.

Es war um das Jahr 1000, als ganz im Banne des persischen Puritanismus der schwächliche und bigotte Kalif al-Kadir Billah allen Frauen gleich welchen Standes das Tragen des Schleiers und den Aufenthalt im Harem verordnete, und kurz darauf auch der rigorose Al-Hakim II. in Ägypten ihnen verbot, den Harem oder ihr Haus zu verlassen, es sei denn bis auf die Augen verschleiert und in Begleitung. Damit verfestigte sich eine unarabische, dem persischen frauen- und leibfeindlichen Dualismus entstammende Zweiteilung in eine reine Männerwelt, die von der der Frauen scharf getrennt war. Auswirkung einer mit dem Rückgang des reinen Arabertums durch Einfließen fremder Elemente frömmlerischen Orthodoxie; in ihr setzte sich ein ganz unarabischer, asketischer Geist durch, wie er sich ein Jahrtausend zuvor nach der babylonischen Gefangenschaft aus den nordöstlichen Gebirgsländern als Woge des Weltekels und Naturabscheus über Vorderasien[48] ergossen hatte. Unter ihrem Eindruck interpretiert die islamische Geistlichkeit die Sure des Korans, die beiden, Mann und Frau, geboten hatte, die Augen vor Unkeuschem niederzuschlagen, und speziell den Frauen, „ihre Reize" nicht zu entblößen „außer, was sichtbar sein muß", um, indem sie entschied, daß nur die Augen sichtbar sein durften – eine klare Falschauslegung, ebenso wie des Gebotes, zuhause sich nur der Familie zu zeigen, mit Fremden aber nur hinter einem „Vorhang" zu sprechen. Während der mongolischen Epoche seit Mitte des 13. Jahrhunderts und der osmanisch-türkischen Herrschaft vom 16. bis 19. Jahrhundert griff diese totale Beschränkung der Freiheit der Frau weiter um sich, die fälschlich als ehrwürdige arabische bzw. islamische Tradition mißverstanden wurde – und noch heute mißverstanden wird.

„Islam" in der Liebe

Unangekränkelt vom Geist, der sich im Osten breitmachte, durchwehte der althergebrachte freie Beduinengeist als die letzte Oase arabischer Frauenverehrung Andalusien.[49] Seine Frauen überraschten durch ihr selbstsicheres Auftreten in der Öffentlichkeit und nicht nur die Damen der Gesellschaft, auch einfache Mädchen und Sklavinnen, durch ihre lebhafte Teilnahme am geistigen Leben, an den Wissenschaften, durch ihren Anteil auch vieler namhafter Dichterinnen, die ebenso sicher wie der

Mann ihre Liebe aussprachen. Unter ihnen glänzte die Dichterin Wallada, deren Haus Treffpunkt und Schranke war, in der die größten Dichter und selbst Laien um die Gunst der Frauen kämpften. Im Lichtkreis der zahlreichen kleinen und größeren Gestirne gedieh der spezifisch arabische Minnesang.

Er ist in der Tat so eigentümlich, ja ausschließlich arabisch und so zutiefst arabisch empfunden, daß die verschiedenen Nachahmungen seines einmaligen Liebreizes äußerliche Moden bleiben mußten, die sich leerer Formen bedienten. Denn der Haltung des Menschen zum Göttlichen entspricht stets auch das Verhältnis und Verhalten der Liebenden zueinander, ja das Verhältnis von Mann und Frau. Die Haltung des Islams,[50] das heißt: der Ergebung und demütigen Ergebenheit des Gläubigen in den Willen Gottes, entspricht auch die Haltung des sich selbsterniedrigenden, sich demütig der Gnade der hohen, gottgleichen Geliebten, sich ihrem Willen unterwerfenden Liebenden. Der tiefempfundene Eros ähnelt oft dem religiösen Eros so stark, daß Liebeslyrik und religiöse Lyrik kaum zu unterscheiden sind.[51] Schon in der Wüste, vor Verkündigung des Islams, blühte diese zarte, oft nahezu vergeistigte Liebe bei dem Stamm der Udhri in der Dichtung des Wüstendichters Dschamil[52] an die liebliche Butheina: „Im Geist mit dem ihren verbunden, bevor wir erschaffen", können dennoch die Liebenden die Feindschaft ihrer Sippen nicht überwinden. Doch seine Liebe ist so mächtig und dennoch so genügsam und demütig in der Anbetung der Unerreichbaren und in der Gewißheit, daß sie auch die irdische Trennung und selbst den Tod überwindet.

Der Theoretiker der arabischen Liebeskunst, der andalusische Philosoph Ali Ibn Hazm, schildert in seinem Buch über Theorie und Praxis der Liebe, „Das Halsband der Taube":

> „Zu dem Wunderbarsten, das sich in der Liebe zuträgt, gehört die Unterwürfigkeit des Liebenden seiner Geliebten gegenüber... eine Szene, der gegenüber alle Beschreibungen unzulänglich sind... Ich habe den Teppich von Kalifen betreten und den Versammlungen von Königen beigewohnt, ich habe aber keine Ergebenheit erlebt, die der eines Liebenden vor seiner Geliebten gleicht. Ich bin dabei gewesen, wo sich Leute vor Sultanen entschuldigten und wo Menschen der schwersten Verbrechen bezichtigt wurden, aber ich habe noch nichts sich tiefer erniedrigen sehen als einen irrsinnig Verliebten angesichts eines zürnenden Liebchens, das von Groll erfüllt und von Unfreundlichkeit beherrscht ist..."

Der Liebende will die Geliebte hochmütig, launisch, ja grausam, um ihr seine Ergebenheit zu beweisen, um aus der Tiefe, in die sie, eine zürnende Gottheit, ihn gestürzt, von ihrer Gnade emporgehoben zu werden.

> Quäle, tue unrecht, meide!
> Schön bist du doch ganz und gar!
> Und tu, was du willst!
> Was du auch immer tust,
> es steht dir gut.
> Ich halte aus,
> ob du nun willst oder nicht
> und ertrage dein Sprödetun.

(Mudgalis)

Sei hochmütig: ich werde es ertragen.
Sei stolz: ich werde es erdulden.
Überhebe dich: ich werde mich fügen.
Wende dich ab: ich werde mich dir zuwenden.
Sprich: ich werde zuhören.
Befiehl: ich werde gehorchen.

So beschwört der größte Minnesänger Andalusiens, Ibn Saidun, die Herrin seines Herzens, Wallada, um die er ein ganzes Leben wirbt – „seitdem ich zu deinem Sklaven in der Liebe geworden bin" –

> Ich wußte nicht, als ich dich über mein Herz herrschen ließ, daß ich mit meinen eigenen Händen den Tod suchte.

> Blicke mich huldreich an,
> Dann wirst du mit deiner Gnade zum Leben
>   erwecken,
> Was du von mir noch nicht getötet hast.

Daß die Quellen des Minnesangs in der arabischen Welt entsprungen waren, wollte das Abendland sich jedoch keineswegs einreden lassen. Erst in den 20er Jahren dieses Jahrhunderts und bei der Vorlage der Dissertation der Verfasserin an der Berliner Humboldt-Universität 1939 brachen die Vorurteile deutscher Wissenschaftler gegen arabische Ursprünge offen aus – wie wir noch hören.

Selbstbefreiung der arabischen Frauen vom fremden Einfluß

In Spanien endeten 1492 die arabische Herrschaft und die noch unverfälschte arabische Kultur, indes unter den fremdherrschaftlichen Einbrüchen zunächst aus dem Asien der Türken und der Mongolen in die islamische Welt, sodann der osmanisch-türkischen imperialen Militärherrschaft und schließlich des europäischen Kolonialismus die große Sklerose und kulturelle Erstarrung einsetzt. Erst die Ablösung des türkischen durch den europäischen – des französischen, englischen und italienischen – Kolonialismus löste emanzipatorische Bestrebungen zugunsten der Frauen durch das europäische Vorbild aus. Doch gegen die ungeheure Macht der Tradition scheinbar von Allah erlassener Gebote und jahrhundertealter Gewohnheitsrechte des Mannes anzukämpfen, verlangte übermenschliche Kräfte. Von vereinzelten Pioniertaten abgesehen, konnte erst in der Nachkriegszeit Boden gewonnen und schon bald wieder verloren werden[53] – im wesentlichen auf vier Wegen: Das Befragen des Korans selbst enthüllte die Überfremdung, an der die Frauen zu Unrecht trugen, und gab denen recht, die ihre Befreiung auf dem Boden des Islams betrieben wie etwa *Ägypten*. Der *Irak* und *Syrien* orientierten sich an der Ideologie des Sozialismus. In entschlossenem Laizismus berief wie die neue *Türkei* sich *Tunesien* auf europäische Vorbilder und Gesetze. Eine Gruppe fundamentalistischer Staaten hielt sich weiter an die puritanischen Bräuche wie das wahhabitische *Saudi-Arabien* oder kehrte zu orthodoxen Formen zurück wie

Khomeinis *Iran*, das Ursprungsland von Schleier und Geschlechtertrennung, das nur an Eigenes anknüpfte, so wenn der Ayatollah noch in Frankreich erklärte: „Ich bin hierin konservativ. In einer islamischen Republik werden die Frauen wählen, einer Beschäftigung nachgehen und eine Erziehung genießen – aber das muß in einer geeigneten Form der Bekleidung, einem Minimum an Verschleierung und womöglich getrennt von den Männern geschehen." Zurückgekehrt forderte er schroff, „mit dem Schador bedeckt oder mit dem Kopfschleier zur Arbeit zu erscheinen". Was eine Tage andauernde Demonstration Tausender junger Frauen auslöste, die sich durch das Vorgehen knüppelschwingender Männer in Straßenschlachten entlud.

Den vollständigen Gegensatz bietet der von der Baath-Partei regierte *Irak*, dessen laizistischer Staatspräsident Saddam Hussein schon als Vizepräsident aus seiner sozialistisch-materialistischen Einstellung heraus „die komplette Befreiung der Frau als eins der Hauptziele der Partei und Revolution" proklamierte: „Jede Isolierung oder Beschränkung der Teilnahme der Frau an der Gesellschaft bedeutet, das Land der Hälfte seines intellektuellen, produktiven und militärischen Potentials zu berauben".

Mit der Gründung der Republik 1953 erlangten die *Ägypterinnen* nach schwierigen Kämpfen die gesetzliche und soziale Gleichberechtigung, ohne daß die Praxis freilich viel änderte. Ein unüberschätzbarer Motor wurde Dschihan el-Sadat, die sich vielfältig für ihre ägyptischen Schwestern engagierte und ihnen Mut machte: „Legt ererbte, negative Traditionen und Werte ab. Arbeitet selbständig und helft, den Lebensstandard eurer Familien heben. Ihr habt mehr Rechte, als ihr glaubt!" Die Fortschritte sind in der Tat beträchtlich. Noch vor kurzem vertrat die ebenso intelligente wie schöne Professorin für Internationales Recht, Dr. Aisha Rateb, ihr Land als Botschafterin in Bonn und hatte vier junge Diplomatinnen mitgebracht.

Welche Besorgnis sich indes bei vielen Männern aufstaut, bricht in dem beschwörenden Wort des *algerischen* Religionsministers Mouloud Kassim hervor: „Seien Sie auf allen Gebieten schöpferisch, aber nicht zerstörerisch. Schneiden Sie nicht dem Mann seinen Schnurrbart ab, um daraus eine Leine zu machen, formen Sie nicht seine Würde in Machtlosigkeit um. Vermeide, o Frau, dem Mann zu antworten: ‚Ich bin unabhängig und frei‘ – denn du bist in seinen Augen die Pupille, in seinem Herzen die Perle und das Geschmeide!"

In welche seelische Verwirrung viele der passiv zwischen Tradition und Befreiung von der Tradition geratenen Frauen sich befinden, schildert die Ägypterin Latifa la Zayat: „Unsere Mütter kannten ihre Lage genau, aber wir – wir sind verloren. Wir wissen nicht, ob wir zum Harem gehören oder nicht, ob die Liebe erlaubt oder verboten, gut oder böse ist. Unsere Eltern sagen, die Liebe ist verboten. Aber unser Regierungsrundfunk sendet Tag und Nacht Liebeslieder. Unsere Bücher sagen, daß wir frei sind – nehmen wir es ernst, ist unser Ruf verloren. Ist dies ein Zustand?"

Einen sicheren Kompaß hat die *Libanesin* Leila Baalbaki gefunden: „Wir selbst werden unseren Bedürfnissen Genüge tun, die aus unserer innersten Natur stammen. Unsere innerste Natur, das ist unser Erbe. Aber unser Erbe ist etwas anderes als unsere Vergangenheit, die wir ablehnen. Wir glauben fest daran, daß die *Verwechslung von Erbe und Vergangenheit* uns in der Geschichte schweren Schaden getan hat".

Als ich auf einem Islamischen Kongreß gefragt wurde, welchen Rat ich den arabischen Frauen gäbe, habe ich ihnen geraten: Wenn sie mit dem Schleier die Vergangenheit abstreifen, sollten sie sich nicht die Europäerin, nicht die Amerikanerin oder Russin als Vorbild nehmen oder sich nach irgendwelchen Ideologien richten, weil dies nur neue Entfremdung und Verlust ihrer Persönlichkeit bringen würde, sondern sich an den unverfälschten Islam und an die Frauen ihrer frühen Geschichte erinnern, als sie noch aus ihrem eigenen Wesen und Gesetz lebten, bei ihnen ihre Werte und Maßstäbe holen, sie mit den heutigen Notwendigkeiten in Einklang bringen und mit der Aufgabe, die Mütter einer eigenständig-arabischen Jugend von morgen zu sein.

Eine besondere Herausforderung aber hat das Gesicht der Palästinenserin im besetzten Palästina gezeichnet. „Während die Männer zu Tausenden in Gefangenenlagern sitzen, obliegt es den Frauen, die Familie durchzubringen, die Kinder großzuziehen, sich und die Familie vor den Übergriffen einer brutalen Soltadeska zu schützen. Frauen sind so nicht nur in neue Rollen, sondern auch in gesellschaftliche Führungspositionen hineingewachsen. Sie haben auf allen denkbaren Ebenen an der Intifada, – dem Befreiungskampf – partizipiert, ja diese vielfach entscheidend gestaltet und geprägt. Die Frauen Palästinas schreiben die Geschichte selbst. Sie sind selbst

Entscheidungsträger in sozialen Prozessen; sie führen Volkskomitees, sie organisieren Kooperativen und Werkstätten; sie schaffen und besetzen Arbeitsplätze. Und sie sind als Frauen Märtyrerinnen, Verletzte, Inhaftierte, Gefolterte. Für die Zukunft wird entscheidend sein, daß die Frauen Palästinas ihr Geschick und das ihres Landes mitbestimmen. An der Freiheit und Gleichberechtigung der Frauen wird dereinst die Freiheit des ganzen Landes zu messen sein".[54]

KAPITEL V

„Verbrennung der Bibliothek von Alexandrien"?

Eine offenbar unausrottbare Geschichtsfälschung, die
trotz wiederholter Entlarvung noch vor einem Jahr von
einer großen Tageszeitung erneuert wurde, lautet: Als
auf seinen stürmischen Eroberungszügen das Heer der
arabischen Glaubenkämpfer unter der Führung ihres
Feldherrn Amr ibn Al-As Ägypten eroberte und in Alexandrien einzog, ließ er die alte Bibliothek des „Museion" mit 700 000 Schriftrollen verheizen und vernich-
tete die kostbarsten Wissensschätze der Menschheit aus
der griechischen Antike. Diesen Befehl habe „in seiner
einfältigen Weisheit" der Kalif Omar gegeben: „Wenn in
diesen Büchern nichts anderes stünde als im ‚Buch der
Bücher', dem Koran, seien sie nutzlos und brauchten
nicht aufgehoben zu werden. Widersprächen sie dem
Koran, müßten sie ohnehin vernichtet werden. Nach islamischer Grundregel solle es nur *ein* Buch geben" – das
„Buch Gottes", eben den Koran.[55]
Was hat es mit dieser barbarischen Vernichtung uner-
setzlichen Wissens auf sich, die noch heute die Gemüter
erhitzt und eiskalte Verachtung über die banausischen
Verächter kostbarer Menschheitswerte ausgießt? Was
sagt die Geschichte dazu?
Das Museion, die von König Ptolemäus I. Soter um 300
v.Chr. in Alexandrien gegründete Akademie, der Brenn-

punkt der hellenistischen Wissenschaften, mit seiner großen Bibliothek von nahezu einer Million Buchrollen, die alles, was in griechischer Sprache geschrieben war, sammeln sollte – dieses Weltzentrum des umfassendsten Wissensbesitzes der Zeit ging bereits 47 v.Chr. bei der Belagerung der Stadt durch Caesar in Flammen auf. Kleopatra hatte mit der Bibliothek aus Pergamon einiges wieder beschafft.

Doch im 3. Jahrhundert setzen planmäßige Zerstörungen ein. Kaiser Caracalla löst die Akademie auf und richtet ein Blutbad unter den Gelehrten an. Der Rest der Bibliothek wird 272 v.Chr. als „Heidenwerk" von Glaubenseiferern vernichtet, als der christliche Patriarch das Museion schließt und seine Gelehrten vertreibt. Das Caesareum wird 366 von Kaiser Valens in eine Kirche umgewandelt, seine Bibliothek geplündert und verbrannt, seine Philosophen wegen Hexerei und Magie verfolgt. 391 erwirkt im Zuge der Heidenverfolgung Patriarch Theophilos von Kaiser Theodosios die Genehmigung, die letzte und größte Akademie, das Serapeion, den weitberühmten Wallfahrtsort für antike Weisheit, zu zerstören, die ihm angeschlossene Bibliothek mit 300 000 Buchrollen den Flammen zu übergeben und an ihrer Statt eine Kirche und ein Kloster zu errichten. Das Vernichtungswerk an heidnischer Philosophie und Wissenschaft setzten fanatische Halbstarke einer im 5. Jahrhundert in Alexandrien auftretenden Terrorgruppe – wie der spätere Patriarch Severus von Antiochien und sein Freund ohne Scham bekennen – mit Überfällen auf heidnische Gelehrte, Kultstätten und Vernichtung ihrer Bibliotheken fort.

Als die Araber 642 in Alexandrien einziehen, gibt es längst keine antiken Bibliotheken mehr! Die Asche der Hunderttausend griechischer Buchrollen des Museions, „des großen Hortes antiker Literatur", die von den Arabern „buchstäblich verheizt" worden sein sollen, ja – die angeblich sechs Monate hindurch „als Heizmaterial für die Öfen der öffentlichen Bäder" – die es ja im leibfeindlichen christlichen Alexandrien gar nicht gab! – gedient haben sollen, hat der Nordwind seit sechs Jahrhunderten weithin in der Wüste verweht!

Wie hartnäckig Vorurteile über die Araber haften, wie genießerisch Geschichtsfälschungen über sie bis in Details mit tollsten Erfindungen dreist ausgemalt werden, zeigt dieses geistige Katyn, in dem trotz gelegentlicher Dementis einzelner Historiker[56] die historischen Tatsachen anscheinend für alle Zeiten verscharrt sind. Noch im Jahr 1989 verzichtet man in Deutschland darauf, der geschichtlichen Wahrheit ins Gesicht zu blicken, die für jeden offenliegt,[57] und verbreitet erneut und mit Behagen und sittlichem Abscheu vor den brutalen Verbrechen an geistigen Menschheitswerten, was im 13. Jahrhundert vom Kreuzzuggeist beflügelt ein christlicher Araber sich über die Zerstörung einer Büchersammlung der palästinensischen Hafenstadt Caesarea bei der Eroberung durch Amr ausgemalt und dessen Phantasieprodukt kurz auf Alexandrien übertragen hat. Dabei dichtet man dem bedeutendsten muslimischen Kalifen Omar ibn al-Chattab, einem Staatsmann von großem Format und hohen Qualitäten, die „einfältige Weisheit" einer unüberbietbar engstirnigen Ignoranz an. Die dem weitblickenden Omar in dem Beitrag reichlich plump in den

Mund gelegten Worten über das „Buch der Bücher", wie die Bibel (griechisch biblos = Buch) genannt, aber niemals der Koran bezeichnet wird, und die Begründung, die spezifisch für Denkweise und Diktion der entsprechenden Sentenzen der Kirchenväter gilt, verraten den christlichen Autor und widersprechen in dreifacher Hinsicht den historischen Tatsachen:

1. „Nach islamischer Grundregel" solle es „nur *ein* Buch" geben: Es gibt aber und gab bereits neben dem „Koran", der Offenbarung Gottes, zu seiner notwendigen Ergänzung die „Sunna", die „traditionelle Handlungsweise", und den „Hadith", die Aussprüche des Propheten.

2. Der Kalif Omar selbst widerlegt ja die ihm unterstellte brutale Ignoranz und Intoleranz: Denn gerade er ist es, der den Vertrag für alle Eroberungen fremder Länder formuliert hat, wie sein Feldherr Amr ihn nach vorangegangenen Verhandlungen und kampfloser Übergabe, die auf Anweisung des Propheten ohnehin jede Plünderung und Zerstörung ausschloß, beim Friedensvertrag mit dem byzantinischen Patriarchen Kyros in Alexandrien abgeschlossen hat, und der an Weitsicht und Toleranz alle Friedensschlüsse vor und nach ihm in den Schatten stellt. Die Bibel hat im 5. Buch Mose 7,5–16 eine Anweisung des Moses aufgehoben, die er seinem Volk bei seinem Zug in zufällig genau entgegengesetzter Richtung – wie Amr und seine Araber – 1800 Jahre vor ihnen von Ägypten nach Kanaan für ihr Verhalten gegenüber den andersgläubigen Kanaanitern und ihren Kultstätten gegeben hatte:

„Ihre Altäre sollt ihr zerstören, ihre Malsteine (Säulen) zertrümmern, ihre heiligen Bäume umhauen und ihre Schnitzbilder (Götzen) sollt ihr mit Feuer verbrennen,"   (Deut. 7,5)

Auch die Völker selbst sollen vernichtet werden:

„Alle die Völker aber, die Jahwe dein Gott, dir preisgibt, sollst du vertilgen, ohne sie zu schonen."   (Deut. 7,16)

Der arabische Friedensvertrag des Kalifen Omar für alle Eroberungen, den beim Einzug in Alexandrien Feldherr Amr mit Patriarch Kyros schloß, lautete, soweit er das Verhalten gegenüber den Christen betraf, dagegen:

„Dieser Vertrag schließt alle christlichen Untertanen, Priester, Mönche und Nonnen mit ein. Er bewilligt ihnen Sicherheit und Schutz, wo sie auch sein mögen. Desgleichen soll äußerer Schutz ihren Kirchen, Wohnungen und Wallfahrtsplätzen bewilligt werden sowie denen, die diese Plätze besuchen."

3. Doch der Kalif kannte zur Genüge die Begeisterung des Propheten, seines Schwiegersohns, für alles Wissenswerte, das die Kenntnis der Muslime erweitern konnte. Von Mohammed selbst lag ein Aufruf vor, der als Hadith wiedergegeben wurde und alle Gläubigen, allen voran ihn selbst, verpflichtete:

„Empfange Wissen auch von den Lippen eines Ungläubigen!"

„Suche Weisheit, auch wenn sie aus China kommt!"

Angesichts solcher weiten Toleranz, Weltoffenheit und Aufgeschlossenheit für fremdes Wissen, von wo es auch

kommen mochte, mutet die Erdichtung eines Verbren-
nungsbefehls von Büchern, in denen „nichts anderes
steht als im Koran", weshalb sie „nutzlos" seien, nicht
wenig „einfältig" an!

„Suche Wissen –
auch wenn es von Ungläubigen kommt"

Den Auftrag ihres Propheten haben die Muslime mit leidenschaftlichem Engagement in Angriff genommen.
Die 20. Sure, 114 sagt:
    „Und spricht: O mein Herr!"
    Laß mich wachsen im Wissen!"
Der Islam durchformt und regelt das ganze Leben in allen Bereichen bis ins Kleinste. Und er selbst meldet die
ersten Forderungen an die Wissenschaft an. Welche unzähligen Aufgaben waren dem jungen Staatswesen gestellt! Welches Wissen erforderten schon allein die tägli-
chen kultischen Pflichten? Die Bestimmung der fünf Ge-
betszeiten, die Messung der Gebetsrichtung für den jeweiligen Ort im weiten islamischen Reich, die Feststellung des sich jährlich verschiebenden Fastenmonats, des
Ramadan, und die Fastendauer – also die Beobachtung
des Sonnenstandes, die Berechnung der Mondbewegun-
gen, Bau und Handhabung der astronomischen Instru-
mente, also eine Himmelskunde und Mechanik, also
eine Meß- und Rechenkunst.
Unzählig die Aufgaben des fordernden Alltags, die als
Aufgabe auch ernst genommen werden, nämlich für
Reinlichkeit zu sorgen, Kranke zu heilen, unter der Mil-

lionenmasse in den Städten Seuchen zu verhindern, neue
und bessere Heilmittel zu erproben, ihre Herstellung,
ihre Mischungen, ihre Indikation.

Alles kam darauf an, jeder nur vorhandenen Belehrung
habhaft zu werden und – was der Prophet ihnen zur heiligen Pflicht gemacht hatte:

> „Wissen zu erwerben, aus welcher Quelle
> es auch stammen mag,"

denn, so hatte er gesagt:

> „Wer nach Wissen strebt, betet Gott an."
>
> „Empfange Wisssen auch von den Lippen eines
> Ungläubigen".

und:

> „Wer seinen Herd verläßt, auf der Suche nach Wis-
> sen, wandelt den Weg Gottes."

So daß er erklären konnte:

> „Die Tinte des Schülers ist heiliger als das Blut
> des Märtyrers."

Daß damit Mohammed und der Islam eine ganz andere
Richtung einschlugen als die Christenheit – einen ganz
anderen Weg „einschlugen" in das Dickicht des unbe-
kannten Reichs der Welt und der Natur, das eröffnete
den Arabern einen Vorsprung von fünf bis sechs Jahrhunderten vor dem Abendland. Hätte die Kirche nicht
mit Paulus „die Weisheit der Welt für Torheit erklärt",
hätte sie nicht, weil das neugierige Mehr-Wissen-Wollen
schon einmal die Menschen – wie die Kirchenväter gegen eine Forschung und Wissenschaft einwandten – „in
Sünde gestürzt" hätte, ihnen mit Tertullian eingebläut,
„nach Jesus Christus stehe es ihnen nicht zu, „neugierig
zu sein noch zu forschen, nachdem das Evangelium ver-

kündet ward", sich vielmehr der biblischen Offenbarung zuzuwenden, die allein die Seele zu erleuchten vermöge, dergegenüber es heiße, die Kräfte des Geistes mißbrauchen, wenn er sich in der Erforschung der Natur ergehe – so hätte die Eule der Minerva im Abendland ihren Flug nicht erst in später Dämmerung beginnen müssen, während sie die Flügel im Morgenland schon zu heben begann, als man einen weißen Faden von einem schwarzen unterscheiden konnte.

„Übermittler des Griechenerbes"

Alles war für den arabischen Muslim eine Aufforderung, „Wissen zu suchen von der Wiege bis zum Grabe", wie der Prophet es ihn geheißen: ja, ganz wörtlich sich auf die Suche zu machen nach dem, was an zerstreutem, nicht ganz verbranntem Wissen der Griechen noch übriggeblieben war. Zwang genug – nachdem christliche Intoleranz und Ächtung des Heidentums in Alexandrien und an hundert anderen Stätten zur Vernichtung der wertvollsten Bibliotheken ausgeartet war, den alten Kulturraum zu durchstöbern, Überreste zu sammeln, sie zu übersetzen, zu verbessern, zu erläutern, zu kommentieren und auf dem Alten weiterzubauen, beauftragt durch die neuen Notwendigkeiten der Religion, der Gemeinschaft, des Staates.

Dies ist die eine unsterbliche Kulturtat, welche die Welt den Arabern verdankt: Sie – nicht die Römer, nicht die Byzantiner, nicht die christlichen Gruppen wie die Kopten, die Nestorianer oder Monophysiten – haben eine

Kultur, die griechisch-hellenistische, die durch eifernde Wissenschaftstürmer bereits teils vernichtet war, teils verweste und im Begriff war, für immer unterzugehen wie die der Mayas und Inkas, buchstäblich unter Trümmern und aus zerfallenden Kellern hervorgezogen, in seit Jahrhunderten vermauerten, zweckentfremdeten Bauten aufgespürt, als Reparationszahlung bei Friedensschlüssen oder auf diplomatischem Wege eingelöst.

Sie haben die von ihnen geretteten Werke nicht etwa licht- und luftdicht konserviert unter Verschluß genommen, sondern sie wiederbelebt und sie fruchtbar gemacht, indem sie – beginnend durch den Omayadenprinzen Khalid ibn Jesid schon um 680 griechische und arabische Übersetzer beauftragten. Spätere Herrscher gründeten regelrechte Übersetzerakademien, in denen das wertvolle Wissen in die auch dem einfachen Mann verständliche Sprache, ins Arabische, übertragen wurde. So geschah es, daß die Araber das durch christliche Eiferer der Vernichtung übergebene, von ihnen dem Vergessen entrissene Griechenerbe im 12./13. Jahrhundert mittels der Übersetzerschule von Toledo an das christliche Abendland weiterreichten, das seiner dringend bedurfte.

Dies war eines ihrer großen Kulturtaten, aber es war keineswegs die einzige, wie die Kulturhistoriker die Welt glauben machen möchten. Die nur zu nachdrücklich ihr Verdienst auf das eines Laufboten schrumpfen lassen. In der Frage des Verhältnisses der Araber zur Wissenschaft sind die Ansichten der Geschichtsschreibung gespalten: die Araber seien die Vernichter des Griechenerbes, sagen die einen – sie seien die Übermittler des Griechenerbes, sagen die anderen. Womit man meint, ihrer Erwähnung unter den Kulturnationen ausreichend Genüge getan zu haben, sie waren danach gleichsam die Laufboten, die die griechische Akte von einem Stockwerk ins andere getragen hätten. Dies die traditionelle Ansicht der Kulturhistoriker, bis 1960 „Allahs Sonne über dem Abendland" dieses Vorurteil gründlich revidierte. Während die große „Kulturgeschichte Europas von der Antike bis zur Gegenwart"[58] mit 752 Seiten in ihrem Register von mehr als 5000 Hinweisen weder die Araber, noch die Muslime oder die „Mohammedaner", geschweige den Propheten Mohammed oder den Islam überhaupt erwähnt, faßte Arthur Koestler das bis dahin übliche Wissen in seiner über 550 Seiten starken „Entstehungsgeschichte unserer Welterkenntnis – Die Nachtwandler"[59] im Jahr 1959 in diese vier Sätze zusammen:

„Die Araber waren lediglich die Vermittler, Konservatoren und Überlieferer des Erbes gewesen. Sie besaßen bloß geringe wissenschaftliche Eigenart und Schöpferkraft. In den Jahrhunderten, in denen sie die einzigen Hüter dieses Schatzes gewesen waren, taten sie nur wenig, um ihn nutzbringend zu verwerten... Das theoretische Wissen förderten sie indessen nicht.

Es ist eine merkwürdige Tatsache, daß dieses arabisch-jüdische Monopol auf das Erbgut, das zwei bis drei Jahrhunderte währte, unfruchtbar blieb."

„Das theoretische Wissen förderten sie nicht"?

Doch sie waren eben nicht nur die Briefträger des Griechenerbes. Sie selbst blieben ja nicht auf dem Stand ihrer Vorgänger stehen, sklavisch, passiv aufnehmend, mechanisch nachahmend. Angesichts dieses Widerspruchs zeigt sich das ganze Gewicht einer fundamentalen Erkenntnis, die im Falle einer An- und Übernahme andersartiger, fremder Kulturschöpfungen von den wenigsten Kulturwissenschaftlern berücksichtigt wird und ohne deren Beachtung sich wie hier schwere Fehlurteile einstellen. Die Erkenntnis, wie und warum eine Kultur schöpferisch weitergeführt wird oder „unfruchtbar" bleibt. Kultur ist nicht Produktion gestanzter Nachbildungen. Jede Kultur sofern sie das Erbe einer anderen schöpferisch aufgreift – und auch Griechen sind bereits Erben, Erben Ägyptens und des Vorderen Orients, und dies gilt für sie ebenfalls – greift nur das auf, was dem Griff der eigenen Hand sich fügt und was dem eigenen Bedürfnis und Interesse, aber auch der eigenen Art und Weise des Auffassens und Denkens entspricht oder nahekommt. Jedes Volk formt eben dies auf *seine* Weise zu *seinem* Werk.

Es ist darum abwegig, den Arabern vorzuhalten, daß sie das, was die Griechen ausgezeichnet habe – ihre auf ihren spezifisch griechischen Denkstrukturen beruhende Philosophie oder ihre großen Dramen nicht fortgesetzt haben. Hingegen schufen sie eine Kultur unverwechselbarer Art, in ihr eine Wissenschaft, die nicht einfach fortsetzt, indem sie in jenen dualistischen Denkbahnen weiterläuft, vielmehr sich auf charakteristische Weise von der griechischen und der indischen unterscheidet. Das zeigt sich bereits darin, daß jedes dieser drei Völker sich auf unterschiedlichste Weise der Welt und seinem Forschungsgegenstand zuwendet. Kurz, hierzu bedarf es einer Psychologie der Völker. Denn die Weitergabe geistiger Güter ist nicht ein mechanischer Akt.

In einem glücklichen Gegensatz zur ausschließlichen Subjekt-Wendung seitens des *indischen* Denkens, als zu dem *griechischen* sofortigen Aufschwung vom Einzelnen zum Allgemeinen, von den Einzeltatsachen zur reinen Idee, wendet sich der arabische Geist den Gegebenheiten der Weltwirklichkeit zu. Nicht auf die Tatsachen ist der griechische Geist gerichtet. „Seine Untersuchungen galten ihren obersten Prinzipien und seine theoretischen Forschungen bewegten sich frei von materiellen Einflüssungen im Bereich des reinen Denkens" – diese Worte über Pythagoras beschreiben die griechische Denkweise des steilen Emporflugs über die Tatsachenwelt hinweg zur geistigen Anschauung der reinen Idee.[60]

Demgegenüber geht der Weg des *Arabers* den wissenschaftlich ganz soliden, ganz systematischen Barfußgang durch die Welt der individuellen Tatsachen, den Weg der Erfahrung und unermüdlichen Beobachtung, der Messung und mathematischen Verarbeitung, des geduldigen Aufstiegs vom Einzelnen zum Allgemeinen.

War der Grieche im Wesentlichen Naturphilosoph (mit Ausnahmen), so wurde der Araber der Naturwissenschaftler im engeren Sinn und der Erfinder des naturwissenschaftlichen Experiments, der mit seinem Werkzeug ganz neue Felder urbar gemacht und der Forschung erschlossen hat. Er wurde, wie in „Allahs Sonne über dem

Abendland"[61] ausgeführt, der Begründer der experimentellen organischen und anorganischen Chemie und Pharmakologie, der Physik, insbesondere der Optik und der Mechanik, der Algebra, des Zahlenrechnens und der Arithmetik im heutigen Sinne und der sphärischen Trigonometrie, der Geologie, Soziologie und Religionsphilosophie.

Mit ihrer realistischen und methodischen Naturbetrachtung sind die Araber über ihre Vorgänger, Chinesen, Inder und Griechen, auf allen jenen Gebieten weit hinausgegangen, die für die praktische Verwendung und für das praktische Leben in welchen Bereichen auch immer notwendig waren *und* die ihrer Wissensgestaltung entsprachen – einer Wissensgestaltung, die unmittelbar die Natur selbst befragte, nicht mithilfe von Spekulation und Theorie, wie Aristoteles dies liebte – sondern der Anschauung, Beobachtung, Messung und Mathematik.

Es ist daher bewußte Fortschreibung der mittelalterlichen, araberfeindlichen Schwarz-Weiß-Malerei, – indem man das Griechenwissen als Messlatte für Kulturfähigkeit wählt – den Arabern „wissenschaftliche Eigenart und Schöpferkraft" abzusprechen, sie als unfruchtbar und unschöpferisch weiterer Beachtung hinsichtlich der Entstehung unserer Welterkenntnis für unwürdig zu erklären.

Dank ihrer Natur- und Wirklichkeitsnähe haben die Araber sowohl in systematischer Naturforschung als auch in unzähligen Einzelerkenntnissen durch Erfahrung, Beobachtung und geduldiges Experimentieren mit ihren wertvollen Entdeckungen und Erfindungen ein kostbares Arsenal an selbständigen Leistungen erbracht.

Dabei haben sie sich keineswegs gescheut, die griechischen, vorwiegend auf spekulativem Wege gewonnenen Thesen durch unzählige Überprüfungen und Versuche ihrer Kritik zu unterwerfen und hundertfach zu berichtigen. Um aus der Vielzahl nur drei Beispiele zu nennen: wie der Anatom aus dem Kreis um Sultan Saladin, Abd al-Latif, der gleich zwei Fehler Galens entdeckte und richtigstellte; wie sein Nachfolger am Krankenhaus und Chef der Ärzte Kairos, Ibn an-Nafis, der Galens Dogma von den Löchern in der Herzscheidewand als bare Phantasie entlarvte und durch seine Entdeckung des Kleinen Blutkreislaufs korrigierte, oder der Physiker Ibn al-Haitham, der Begründer der experimentellen Optik, der aufgrund seiner genialen Berichtigung der Theorie des Euklid und des Ptolemäus von den angeblichen „Sehstrahlen", die das Auge aussende, eine Unzahl optischer Erkenntnisse und Gesetze formulierte und dem Abendland eine nahezu komplette Strahlenlehre einschließlich der Anwendung für Linsen, Lupen, Spiegel jeder Art, Camera oscura, Scheinwerfer etc. zur Verfügung stellte. Was davon — auf diesen 5 Wegen:
- auf den Schiffen und in den Köpfen der Fernkaufleute, Kreuzfahrer und Pilger,
- über das 250 Jahre hindurch von Arabern beherrschte Sizilien und den Hof des großen Araberfreundes Kaiser Friedrich II. von Hohenstaufen,
- über das durch 800 Jahre von Arabern bewohnte spanische Andalusien,
- aus der Übersetzerschule von Toledo,
- durch vagierende Studiosi, Gesandtschaften, wandernde Juden, Pilger und Händler,

– was, wie gesagt, von den Errungenschaften arabischer Mediziner, Physiker, Chemiker, Mathematiker, Astronomen, Geologen und technischer Erfinder in das von der Geistlichkeit systematisch unterentwickelt gehaltene Abendland gelangte, das kam über Europa wie der Regen über eine dürstende Erde und hat die europäischen Völker durch mehrere Jahrhunderte vielfältig befruchtet und zu eigener Forschung kräftig angeregt.

Und dies ist die zweite, unermeßlich viel reichere Gabe, die das Abendland und die Welt den Arabern verdanken. Sie gaben mit den reichen Ergebnissen ihrer Forschung und mit ihren Forschungsmethoden die Impulse zu einer Initialzündung des seit dem 9. Jahrhundert durch äußerste kirchliche Intoleranz, Verbote und Verfolgungen gedrosselten und gelähmten Forschungsdranges, die griechische und biblische Realitätsblindheit und scholastische Autoritätshörigkeit davonfegte und der europäischen Naturforschung zu ihrer machtvollen Selbstentfaltung verhalf.[62]

Arabisches Erbe zwischen Freiheit und Kerker

Die Aufnahme des fremden, von den verfemten Glaubensfeinden hervorgebrachten Wissenschaften war unterschiedlich und spannungsreich. Begeisterung mischte sich mit schroffer Ablehnung, leidenschaftlichem Wissensdurst stand eiferndes Mißtrauen gegenüber, erleichtert beglückwünschtem Einschlagen der neu sich auftuenden Wege Verketzerung, Verfolgung und Gefängnis. Direkte Kunde vernahm man von Petrus von Maricourt aus der Picardie, genannt Peregrinus, der Pilger, der bei der Rückkehr aus dem Orient in Sizilien an Land gegangen war. Hier bot sich ihm die Gelegenheit, seine einschlägige technische Kenntnis arabischer Belagerungsmaschinen bei der gerade umkämpften Festung Lucera einzusetzen. Hier verfaßte er nebenher auch seine kleine, berühmt gewordene Schrift „Epistola de magnete", die im Abendland erste wissenschaftliche Abhandlung über den von Dschabir ihn Haiyan systematisch erforschten Magnetismus und magnetischen Kompaß, nach dem die Araber gemäß dem Urteil der Chinesen schon seit dem 9. Jahrhundert bei der Seefahrt in dunkler Nacht steuerten.

Soviel wir wissen, blieb Petrus seitens kirchlicher Aufsicht ungeschoren im Gegensatz zu seinem berühmten Schüler, einem jungen Engländer, dem seine große Leidenschaft für alles Arabische zu einem der erschütterndsten Lebensschicksale ausschlug, das dem des Giordano Bruno nahekam.

Roger Bacon aus Somerset (1211–1294) hatte sich ein für jene Zeit universales Wissen angeeignet. Abgestoßen von dem überall herrschenden Dogmatismus und blind dem Aristoteles zu Füßen liegenden Autoritätsglauben, von den scholastischen Haarspaltereien und der strohdürren Dialektik, zieht er sich in das weltoffenere Oxford zurück. Hier gehen die Werke der Araber von Hand zu Hand. Hier entflammen ihn die freiere Sicht auf die Realität, die hautnahe Begegnung mit den wirklichen Dingen, der handgreifliche Umgang mit den Objekten und Instrumenten, ihre Forschungen und Experimente.

Und auf das Experimentieren als die Methode der Forschung, um die Gesetze zu finden, wie die arabischen Forscher es gemacht hatten, wie Ibn al-Haitham und al-Kindi, kam es an. Und auf die Mathematik, um die Gesetze zu formulieren und sie der praktischen Nutzanwendung zuzuführen.

Mit visionärer Kraft des Denkens entwirft er neue, zukünftige Erfindungen und Entwicklungen in Weiterführung arabischer und eigener technischer Phantasie.

Kein Wunder, daß er mit seinem eigenmächtigen Herumhantieren in Gottes Schöpfung seinen franziskanischen Ordensoberen verdächtig wird. Umso gefährlicher, als in der Zeit der Kreuzzüge er nicht nur seinen Protest gegen die Unmenschlichkeit gegenüber seinen Arabern erhebt, sich zugleich ständig auf Araber und Juden beruft und gleich dreißig islamische Namen im Munde führt... Seine Oberen verdammen diesen höchst verdächtigen Abweichler und Verächter aller heiligen Autoritäten für zehn Jahre aus Oxford.

Der Verbannte begibt sich nach Paris, und dort begegnet ihm sein Schicksal zu Glück und tiefstem Sturz in Gestalt des Franzosen Guy le Gros Foulques, ehemaligem Sekretär und Hofjuristen König Ludwigs IX. des Heiligen. Der Franzose, eben vom 6. Kreuzzug zurückgekehrt, war noch ganz erfüllt von dem ihn und seinen König tief aufrüttelnden Erlebnis des unheimlichen Feuerüberfalls mit „durch die Luft fliegenden Waffen, die einen Lärm wie Donner machen". Die Angriffe der christlichen Invasoren hatten die Muslime nicht ruhen lassen, bis sie nach langen Experimenten in der Lage waren, in geheimen Pulverfabriken chemische Kampfmittel herzustellen, mit denen sie den Franken hoch überlegen sein würden und den Feinden bei Damiette einen glühend heißen Empfang bereiteten. „Es war, als ob Blitze vom Himmel herniederführen und große Drachen durch die Luft flögen", – schrieb der französische Kriegsberichter Joinville. „Ringsum war alles nur Feuer und Flammen... Jedesmal, wenn wieder ein Geschoß einschlug, war der König von Frankreich tief beeindruckt und rief aus: 'Lieber Herr Jesus Christ, beschütze mich und meine Leute!' "[62] Der Bericht des neuen Freundes, in dem Roger Bacon einen Geistesverwandten an Aufgeschlossenheit und Bewunderung für den Erfindungsreichtum der arabischen Welt findet und – einen wahrhaftigen Ohren- und Augenzeugen, schlägt sich in seinem Opus majus (VI 2) nieder:

> „Wichtige Künste sind entdeckt worden gegen Feinde des Staates, die ohne Schwert oder sonst irgendeine Waffe, die körperliche Berührung erfordert, alle vernichten können, die Widerstand leisten."

Kaum ist Roger nach Ablauf der zehnjährigen Verbannung nach Oxford zurückgekehrt, als er ein geheimes Sendschreiben aus Perugia in Italien erhält. Sein mittlerweile zum Erzbischof von Narbonne (der nach langer arabischer Besetzung wieder zurückeroberten Grenzstadt) erhobener französischer Freund ist soeben zum Papst Klemens IV. erhöht worden. Heimlich, unverzüglich und ohne sich durch seine Ordensoberen beirren zu lassen – so schreibt der neue Papst 1265 an Roger Bacon – möge Roger ihm seine Werke senden. Doch dieser einmalige, unverhofft sich ihm bietende Glücksfall seines

Lebens, mit seinen Ideen die Mauer des Schweigens und der Verbote durchbrechen zu können, ja Förderung von höchster Stelle der Christenheit zu empfangen, zerrinnt zu nichts – ja, verkehrt sich in das tiefste Unheil.

Da er sein Hauptwerk nicht rechtzeitig fertigzustellen fürchtet, komprimiert er es zu einer kürzeren Schrift und diese nochmals zu einer knapperen Fassung. Kaum hat er endlich beides nach Rom geschickt – drei Jahre sind über der Arbeit vergangen –, da stirbt, 1268, sein Gönner.

Sein Orden ahndet den Ungehorsam seiner Verbindung über die Köpfe der Oberen hinweg unmittelbar zum Apostolischen Stuhl, seinen ketzerischen Umgang mit den ungläubigen „Feinden Gottes", die Unbotmäßigkeit des ihm untersagten Hantierens mit ihren Teufelswerkzeugen, Niederschriften seiner Experimente, Entdeckungen und Zukunftsprojekten, seiner beständigen, schonungslosen Kritik am scholastischen Schulbetrieb, indem er den verdächtigen „Zauberkünstler" Roger Bacon zu lebenslänglichem Kerker verurteilt, bis der Unglückliche – nach fünfzehn Jahren in seinem finsteren und feuchten Verlies – 1294 elend stirbt.

„Tiere folgen allein dem Strick, mit dem sie gehalten werden. So führt auch die Autorität der ‘Schriften’ nicht wenige von euch, die ihr Gefesselte seid durch eure tierische Leichtgläubigkeit," hatte Roger Bacon seinen Zeitgenossen den Spiegel vorgehalten. Er hatte die Worte eines Landsmannes aufgegriffen, der schon vor hundertzwanzig Jahren die arabische Sprache erlernt, die arabischen Länder durchwandert, die arabischen Hochschulen besucht und dort die arabischen Naturwissenschaften eifrig studiert hatte: Adelard von Bath bei Bristol (1090– nach 1160) aus normannischer Familie. Aus der Weite und Freiheit der arabischen Geisteswelt verstört und entsetzt in die stickige Atmosphäre der Heimat zurückgekehrt, lehnte Adelhard sich in seiner Schrift „Fragen an die Natur" empört und zornig auf gegen die bornierten Behinderer jeder Naturerkenntnis und ihre autoritäre Knebelung des Verstandes. Hier machte er sich in dem Stoßseufzer Luft, den ein Jahrhundert nach ihm Roger Bacon, dem sogar beide, sowohl der Geist als auch der Leib gefesselt wurden, aus der Tiefe seiner Qual wiederholte:

> „Wenn wir versäumen würden, die wunderbare, vernünftige Schönheit des Universums, in dem wir wohnen, kennenzulernen, würden wir verdienen, aus ihm hinausgeworfen zu werden gleich einem Gast, der nicht in der Lage ist, das Heim zu würdigen, in dem man ihn empfängt.
> Ich habe nämlich etwas von den arabischen Meistern über die Führung durch den Verstand gelernt. Du aber folgst dem Bild einer Autorität, wie gefesselt an einen Halfter... Wenn Tiere im Halfter irgendwohin geführt werden, dann können sie nicht unterscheiden, wohin und weshalb sie geführt werden, und sie folgen allein dem Strick, mit dem sie gehalten werden. So führt auch die Autorität der Schriften nicht wenige von euch, die ihr Gefesselte seid durch eure tierische Leichtgläubigkeit."[63]

Plagiate –
Aneignung arabischen Geisteseigentums

Wie gesagt: die Aufnahme der Werke der Araber, die seit dem 11. Jahrhundert, besonders im 12. Jahrhundert ins Abendland hereinströmten, war zwiespältig. Es gab manche Zirkel, Oasen naturzugewandter Studien wie die Schulen von Chartres, Reims, Augsburg, Köln, Reichenau und Oxford, in denen sie begierig studiert wurden und ein solches Gewicht besaßen, daß – wie Adelhard von Bath gestand – er, um seine eigenen Ideen durchsetzen zu können, sie häufig arabischen Autoren in den Mund gelegt habe.

Auf der anderen Seite stießen die Errungenschaften der Glaubensfeinde noch lange Zeit auf erregte, schroffe Ablehnung und Verdächtigung, nicht am wenigsten durch Neidgefühle hervorgerufen. Ausgerechnet ihnen, den Verhaßten und Verachtungswürdigen, etwas zu verdanken, sich von ihnen gar belehren zu lassen, wäre nicht nur demütigend, es hieße ja, ihre Überlegenheit anzuerkennen, ihnen gegenüber am Ende noch zu Dank verpflichtet zu sein.

Der Italiener Flavio Gioja aus Amalfi habe um 1302 den Kompaß erfunden – so hat unsere Kulturgeschichte unverdrossen verkündet, wenn auch heute nicht mehr im vollen Brustton der Überzeugung. Daß schon im 8. Jahrhundert Dschabir ibn Haiyan mit ihm experimentierte und arabische Seeleute nach der frühesten erhaltenen Quelle ihn schon 854 für die Kursbestimmung auf große Fahrt mitnahmen, 500 Jahre vor dem Italiener, davon nahm man keine Kenntnis. Lieber als den Arabern traute man die Erfindung denn schon den Chinesen zu. Flavios Heimatstadt Amalfi unterhielt als erste Seestadt neben Venedig einen bedeutenden Handel mit den befreundeten Arabern, von denen er den nützlichen Wegweiser erst dreiunddreißig Jahre später als Petrus von Maricourt – der in seiner „Epistola de magnete" bereits die Zeichnung eines Kompasses mit arabischen Ziffern anfertigt – kennengelernt und ihn möglicherweise in die abendländische Seefahrt eingeführt hat.

Selbstverständlich durften es nicht die Araber gewesen sein, die das Schießpulver erfunden hatten! Ein europäischer, noch besser: ein deutscher Erfinder mußte her, dem man den Ruhmestitel, den sprichwörtlich gewordenen Ausweis für höchste Intelligenz, zuerkennen konnte! Am besten war natürlich ein Mönch geeignet, falls man nicht auch hier auf die Chinesen zurückgehen sollte. Der Franziskanermönch Berthold Schwarz war dazu ausersehen, die Rolle des geheimnisumwitterten Klosterbruders zu übernehmen, der um 1359 in seiner engen Zelle das Schießpulver erfunden haben solle. Allein – hatten nicht bereits 1325, 1331 und 1341 die Geschütze der Araber in Spanien Schrecken und Panik in die Reihen der aus Europa hier versammelten Ritter gefeuert? Ja, hatten der König von Frankreich und sein Heer nicht schon hundert Jahre vorher in Panik vor dem Weltuntergang gezittert, der im Donner der Geschosse die Nacht über dem Nil aufblitzen ließ? Die Chinesen gaben auch hier für die Urheberschaft nicht viel her. In den Entscheidungskämpfen zwischen Mongolen und Alt-China setzten 1232 die Chinesen Brandsätze für Pfeile,

1270 der mongolische Kublai-Khan Pulverschußwaffen ein, für deren Herstellung er vom arabischen Sultan die Entsendung seiner Ingenieure aus Balbek und Damaskus erbittet, mit deren Hilfe er den Sieg erkämpft. Nicht ein in Schwarzkünsten erfahrener Mönch, dessen Zunamen „Schwarz" man wohl ebenso erfunden hat wie den angeblichen Erfinder selbst, vielmehr die abendländische Christenheit selbst, die in immer neuen Wellen über die arabischen Ländern herfiel, und die bittere Notwendigkeit, sich des Wütens der Friedensstörer zu erwehren, waren Anlaß der Erfindung des Schießpulvers und der rasch vervollkommneten Herstellung, für die die Kriegsbücher des Hassan ar-Rammah und andere Schriften schon Roger Bacon Zeugnis ablegten. Schon 1346 beendet die Schlacht bei Créci zwischen Engländern und Franzosen mithilfe des arabischen Teufelsrohres das Zeitalter des Ritterkampfes. Vier Jahre bevor das Phantom Berthold das Schießpulver erfunden haben sollte, dem Jahrhunderte gutgläubig ob seiner Genialität im Dienste kriegerischer Technik gehuldigt haben.

Die Versuchung, die Urheber arabischer Errungenschaften Europäern zuzuschreiben, hat sich vornehmlich in der Medizin eingebürgert, einem Feld, in dem ein besonders großer Nachholbedarf bestand. „In der Heilkunde", so bestätigt Agrippa von Nettesheim um 1500, der als Kölscher Jung schlicht Heinrich Cornelis hieß,

„sind die Araber so berühmt geworden, daß man sie für die Erfinder dieser Kunst gehalten hat. Und das hätten sie auch leicht behaupten können, wenn sie nicht so viele lateinische und griechische Namen und Wörter gebraucht hätten. Daher sind des

Avicenna, Rhases und Averroes Bücher eben mit der gleichen Autorität als des Hippokrates und Galeni aufgenommen worden und haben so viel Kredit erlanget, daß, wer ohne dieselben zu kurieren sich unterstanden, von dem hat leicht gesagt werden können, er ruiniere die allgemeine Wohlfahrt."[64]

Aber das war nicht jedermanns Meinung. Die im Jahr 1552 angeblich von dem französischen Chirurgen Ambroise Paré zum erstenmal durchgeführte Unterbindung der großen Blutgefäße nach dem Araber Abu'l-Qasim vor sechshundert Jahren trägt jedoch fortan den Urhebernamen des Franzosen. Der große andalusische Chirurg Abu 'l-Qasim (gest. 1013), Zeitgenossen Ottos III., ist als Lehrer abendländischer Ärzte besonders beliebt und oft plagiiert worden. Die von ihm eingeführte Hängelage bei geburtlichen Eingriffen heißt jedoch seit etwa 1900 nach dem Stuttgarter Gynäkologen Walcher (1856–1935) „Walcher-Lage"; die von ihm bei operativen Eingriffen unterhalb der Nabelhöhe empfohlene Hochlagerung des Beckens und der Füße trägt als „Trendelenburgsche Lage" den Namen des deutschen Chirurgen Friedrich Trendelenburg (1844–1924). Die von Abu'l-Qasim, den das Abendland Abulcasis nannte, diagnostizierten Gelenk- und Wirbelerkrankungen gingen nach Percival Pott (1713–1788) als „Pott'sches Übel" in die Medizingeschichte ein.

In den Ruhm, den Blutkreislauf entdeckt zu haben, teilen sich in Europa der Spanier Michael Servet (1553) und der Engländer William Harvey (1616), und auch dies ist eine Fälschung der Urheberschaft. Der im zweiten Jahrhundert in Rom lebende Arzt Galen, die allgemein anerkannte und höchste medizinische Autorität für das ganze Mittelalter, lehrte, das in der rechten Herzkammer gereinigte Blut trete durch Poren der Herzscheidewand in die linke Kammer über – ein kapitaler Irrtum, den als erster der um 1260–1288 in Kairo praktizierende Chefarzt des Nassiri-Krankenhauses Ibn an-Nafis aus Damaskus erkannte und widerlegte.[65] Er als erster untersucht und beschreibt, „was die Sektion beweist", bis in die Details den Blut*kreislauf*. Und ihn schildert mit denselben Worten 300 Jahre nach ihm der Spanier Michael Servet (1511–1553) in seinem umfangreichen, kritischen Werk „Wiederherstellung des Christentums", „De Restitutione de Christianisme", rein theoretisch und wie auf diese Weise das Blut als Vehikel der Seele den Körper durchkreise. Zufall oder Aneignung fremden geistigen Eigentums? Als Spanier, der arabische Studien, auch im Felde der Medizin, getrieben hatte, mag ihm der Kommentar des Ibn an-Nafis zur Anatomie des „Kanons" von Avicenna geläufig gewesen sein, der heute noch im Escorial bei Madrid aufbewahrt wird. Es war Servets Ketzergeist, der sich zu stürmischer Kritik am Christentum erhob. Durch Calvins Unterstützung der Anklage wurde er unter erbärmlichsten Umständen eingekerkert, das Todesurteil durch Verbrennen in Genf an ihm vollstreckt. Umso mehr fällt seine knappe und leidenschaftslose Skizzierung des kleinen Blutkreislaufs auf, die weder seine Quelle nennt noch überhaupt ein Wort über Galen oder gegen dessen Theorie von den Löchern in der Herzscheidewand zu verschwenden braucht, von dem er wahrscheinlich gar nichts wußte.

Was eigentlich die enthusiastischen Lobredner seiner angeblichen Pfadfinderrolle nachdenklich hätte machen müssen. Erst ein arabischer Landsmann des Kairiner Arztes, at-Tatawi, stieß 1924 als Doktorant an der Freiburger Universität auf Ibn an-Nafis als den Urheber jener Entdeckung des kleinen Blutkreislaufs.

Plagiate großen Stils betrieb planmäßig der in Karthago geborene Christ Konstantin von Afrika, der auf seinen Reisen als Heilmittelhändler rings um das Mittelmeer die von einem gemischtvölkischen Ärzteteam geleitete Ärzteschule bei Salerno besuchte. Hier kommt ihm der Einfall, den schreienden Kontrast zwischen dem ärztlichen Wissensstand der „Franken" und dem der arabischen Hochburgen medizinischer und ärztlicher Heilkunst auszugleichen. Nach einiger Zeit der notwendigen Vorbereitungen seines Vorhabens kehrt er, unterm Arm einen dicken Packen Bücher, nach Salerno zurück. Hier entfaltet er eine rege und höchst fruchtbare Tätigkeit, die er, um ungestört arbeiten zu können, bald nach Monte Cassino verlegt. Und während ein Buch nach dem anderen aus seiner rastlosen Feder fließt, ohne auch nur ein Gebiet der Medizin auszulassen, und die Flut des wertvollen Wissens sich vom Berg hinab wie ein Katarakt von Erleuchtungen über die Salerner Ärzteschaft ergießt, steigt sein Ansehen, sein Ruf als Meister, sein Ruhm. Welch ein Geist!
Erst nach vierzig Jahren ist es heraus, daß der große Weise von Monte Cassino nichts war als ein gerissener Händler. Bald hier, bald dort erkennt ein Kundiger nach dem anderen das Werk dieses oder jenes berühmten ara-

bischen Autors wieder, an dessen Stelle der Reisende aus Karthago sich selbst unsterblich zu machen geglaubt hatte.

Arabische Urheberschaft anzuerkennen, hat das Abendland sich noch bis in jüngste Zeit mit aller Kraft zur Wehr gesetzt. In den zwanziger Jahren dieses Jahrhunderts bricht ein heftiger Sturm im Felde der Literaturwissenschaft los. Konrad Burdach, in der mittelalterlichen Dichtung wohlerfahren, besonders im Zeitalter der Minnedichtung gründlich bewandert, zieht plötzlich mit der These vom arabischen Ursprung des provenzalischen und des deutschen höfischen Minnesangs einen Orkan von erregter Kritik und Widerspruch auf sich. Ausgerechnet den Arabern eine solche Kostbarkeit zu verdanken, das konnte man doch nicht auf sich sitzen lassen. Die Vagantendichtung habe einen besonderen Zweig entwickelt – die Antike sei in einem späten Abendglanz wieder erwacht – speziell Ovid habe mit seiner „Ars amatoria" Themen und Tonart seiner spielerischen Liebeskunst zur Verfügung gestellt – die Mariendichtung habe in der weltlichen Minne ihre höfische Nachahmung gefunden... Bis in die Beurteilung der Dissertation der Verfasserin über die Wirkung fremder Vorbilder, aufgezeigt unter anderem am arabischen und deutschen Minnesang, fegten die Ausläufer des Streits. Zufällig lag die Dissertation als Koreferenten dem Verfechter der Ovid-These vor, während der Referent, ein erstklassiger Sachkenner der arabischen Kultur und ihrer Menschen, den Nachweis des arabischen Ursprungs für schlüssig erklärte.

KAPITEL VI

Kulturverfall durch Fremdeneinwirkung
Die Türken

Nicht nur mit dem Zurückdrängen der arabischen Vorherrschaft und der Durchmischung der arabischen Er-
obererschicht mit der jeweils eingesessenen Bevölkerung, vielmehr und vor allem durch das Eindringen
fremder Völkerschaften, zumal ihrer fremdstämmigen
Herrschaft haben viele Züge der arabisch-islamischen
Kultur ihre ursprüngliche, spezifisch arabische Eigenart
eingebüßt. Die Einfälle der Mongolen haben mehr kul-
turzerstörend als kulturverfremdend gewirkt. Anders
die asiatischen Turkstämme und ihr durch Jahrhunderte
sich hinziehendes Einsickern zunächst als Sklaven in die
Palastgarden der Kalifen, um sich im Laufe der Zeit die
Macht anzueignen und sogar, wie die Mamluken in
Ägypten 1250 bis 1584 die Herrschaft an sich zu reißen.

Mit dem Einfall der Seldschuken und ihrer Reichsgrün-
dung setzte die Türkeninvasion mit der schließlichen
Gründung des Osmanischen Großreiches ein, das freilich mit seinen militärischen Eroberungen in Südeuropa
und seinem Vorstoß bis Wien, sowie mit der Ausdeh-
nung seiner Herrschaft über die arabischen Länder
durch die Massaker und Brutalität der Kriegsführung je-

doch in keiner Weise repräsentativ für die islamische Religionslehre und Moralvorstellungen betrachtet werden kann: wie ein ägyptischer Muslim sich ganz entschieden gegen die verdächtige Oberflächlichkeit mancher europäischer Historiker zur Wehr setzt. Die Mameluken-Herrschaft wie die osmanische Zeit seien *„die dunkelste Epoche islamischer Dekadenz und Abart, – die dunkelste Zeit für die islamische Kultur,* in der Unterdrückung praktiziert wurde, nicht etwa nur den Angehörigen anderer Religionen gegenüber, sondern vor allem auch *gegenüber der moslemischen Bevölkerung selbst und in allen islamischen Gebieten".*[66]

Die „dunkelste Zeit" auch für die islamische Kultur! Der türkische Geist ist dem arabischen so fremd und von so grundsätzlich anderer Bewußtseinsstruktur, als sei er hier in ein Paar Stiefel gestiegen, die an Zehen und Fersen gänzlich anders zugeschnitten seien, so daß er in ihnen unmöglich laufen konnte. Nicht nur, daß diese „von den asiatischen Turkstämmen kommenden Osmanen den Islam nur formal annahmen, ohne ausreichendes Verständnis für Inhalt und Botschaft und für den moralischen Geist der Religion".[67]

Unter der vereisenden Frostdecke dieses fremden, auf ganz andere Ziele gerichteten Geistes stockte und erstarrte das geistige Leben, die Religion und vertrocknete in steifer Orthodoxie und Gesetzeskunde. Die vordem blühende arabische Kultur verdorrte und welkte, ihr Feld blieb unbebaut und unschöpferisch.

Einzig die arabische Bewegung der Wahhabiten im Königreich Saudi-Arabien kämpfte für die Reinigung und Wiederherstellung des Islams.

Der europäische Kolonialismus durch Frankreich, Großbritannien und Italien brachte indes weitere Entfremdung vom arabischen und islamischen Geist. Erst durch den in den Völkern wachsenden Widerstand und die Befreiung und Überwindung des Kolonialismus fand die arabische Welt, wenn auch auf verschiedenen Wegen und in unterschiedlichen Maßen zu sich selbst und zu ihrer Selbstidentität zurück.

Als ein Zeugnis der wiedergekehrten, ganz spontanen arabisch-islamischen Toleranz im ursprünglichen Geiste nach Jahrhunderten der Intoleranz und Unterdrückung des Islams mag hier das Schreiben des Königs von Marokko Hassan II., „Dieners Gottes und Emirs der Gläubigen", an Papst Johannes Paul II. vom 30. Dezember 1983 stehen:

> „Seligster Vater, illustrer Freund!
> Die katholische Kirche wird im Königreich Marokko ihre Aktivitäten weiterhin öffentlich und frei entfalten können, besonders der Kult, das Lehramt, die interne Jurisdiktion, die Wohltätigkeit unter ihren Gläubigen und die religiöse Unterweisung ...
> Die Geistlichen, Ordensangehörigen – und – denen Gleichgestellten, die ihre Tätigkeit in Institutionen der Kirche – eingeschlossen die Fürsorge- und Erziehungsinstitutionen – ausüben, werden keinerlei Steuer unterworfen sein, da sie keinen Lohn beziehen".

Zum Schluß beruft sich der König auf „den Geist der extremen Toleranz, den der Islam vertritt".

Nicht alles Islamische ist arabisch –
Die Perser

Für viele, die sich nur am Rande, mit der arabisch-islamischen Welt befassen, muß, um Fehlurteile und Irrtümer zu vermeiden, klargestellt werden: Nicht alles, was islamisch ist, ist arabisch. Wir sind soeben den – nicht arabischen – Türken als Vertretern des Islams in ihrer Rolle als Träger des osmanischen Reichs begegnet, die seit Kemal Atatürk vor 60 Jahren aus dem öffentlichen, religionsfremden, säkularistischen Leben verbannt, zumal unter den Gastarbeitern, zu einer stürmischen Re-Islamisierung drängen.

Aber auch alles, was man Iran zurechnet, wird von den meisten für arabisch gehalten, wozu eine Verwechslung der ähnlich klingenden Namen „Iran" und „Irak", dazu Übereinstimmungen in Kleidung und Religion bei dem oberflächlichen Nachrichten-Konsumenten beitragen. Daß die Bevölkerung Irans nicht Araber sind, sondern Perser, ist vielen nicht bewußt. Ein gravierender ethnischer Unterschied, der sich äußerlich schon im unterschiedlichen Typus von Gestalt und Gesichtsschnitt aufdrängt, sich in unterschiedlichen „konfessionellen" Richtungen, vor allem in der Sprache bemerkbar macht und in zahlreichen, ganz verschiedenartigen Auffassungen und Verhaltensweisen, wie der Stellung der Frau oder der Rolle der Ayatollahs und Mullahs u.s.w.

Die arabische Geisteswelt war in ihrer großen Zeit von so mitreißender, schöpferischer Prägedynamik bestimmt, daß die nationalen und ethnischen Eigenarten innerhalb des Riesenreiches in dem islamischen Gemein-

116

schaftswerk als eine kulturelle Einheit eingeschmolzen wurden. Es war die allesbelebende, alles Denken durchformende arabische Sprache – zugleich „Klassisch Arabisch" *und* Sprache der Beduinen –, die als heilige, an Klarheit, Schönheit, Leuchtkraft und Unergründlichkeit unübertroffene Dichtersprache des Korans von einer prägenden Kraft, daß gebürtige Perser wie Ibn Sina und Ar-Razi voll der arabischen Kultur zugerechnet werden und mit zahlreichen persischen Landsleuten großartige Beiträge zur arabischen Kultur arabischen Stils und Denkens geleistet haben. Jeder Muslim beherrschte die arabische Sprache schon als Bekenner des Islams. Das Arabische war die Sprache der Religion, die Sprache des Umgangs, der Bildung, der Verwaltung, der gemeinarabischen Dichtung und der Wissenschaft schlechthin aufgrund ihrer spezifischen Denkstruktur. Arabisch sprechen hieß arabisch denken.

Mit dem Machtzerfall des Kalifats in Bagdad und Niedergang des Kalifenreiches, speziell mit dem Eindringen fremder Eroberer auch in das damals noch sunnitische Persien – besonders der Mongolen, sowie der Georgier und Osmanen – vollzog sich auch sprachlich die Abnabelung der Perser vom arabischen Reich, in dessen Abhängigkeit es neunhundert Jahre Selbstentfremdung und Identitätsverlust erduldet hatte.

Gegen die Vorherrschaft der Araber hatten bereits im 11. Jahrhundert Umtriebe revolutionärer schiitischer Sekten eingesetzt, die die Regierung in Bagdad und das ganze Land mit Schrecken erfüllten. Die „Schia" ist die islamische „Partei", denen allein Ali, Mohammeds Schwiegersohn, als Nachfolger des Propheten gilt, während die „Sunniten", zu denen sich 90% der Muslime zählen, die Tradition des Propheten anerkennen.

Unter den schiitischen Sekten trat ein staatsfeindlicher Orden unter Führung des Fanatikers Hassan ibn Sabbach besonders hervor, der in der nordpersischen Bergfeste Alamut, dem „Adlernest", 3000 Meter hoch im Ebrusgebirge, seine sogenannten „Assassinen", das heißt: Haschisch Essenden, zu angeblich Gott wohlgefälligen Morden und Attentaten an den „Feinden des wahren Glaubens" ausbildete. Seit jenem Vorspiel hat die persische Erde noch oftmals Blut um „des wahren Glaubens" willen getrunken. Ein persischer Seitenzweig tyrannisierte die Kreuzfahrer unter Führung Sinahs des „Scheichs al-Dschebel", das heißt des „Gebieters des Gebirges", der im Abendland als der „Alte vom Berge" berüchtigt war.

Ab 1500 führte der persische Familien-Clan der Safawiya, der zur Schia gehörte, die ganz überwiegend sunnitischen Perser durch einen erzwungenen Glaubenswechsel zum schiitischen Bekenntnis als der neuen Staatsreligion des damit vom Arabertum auch religiös unabhängig gewordenen Persien. Mit der wachsenden inneren Selbständigkeit kehrte die so nachhaltig verlorene Selbstidentität des Persertums zurück, wenn auch der Islam ein zwar persisch eingefärbtes Band zur arabischen Welt blieb. Daß „kein Zwang im Glauben sein" solle, wie Allah im Koran die Gläubigen geheißen hatte, besaß hier wenig Überzeugungskraft. Der Safawi-Herrscher, der sich zum Schah von Persien aufschwang und keine Bedenken trug, einige Hunderttausend Untertanen durch Gewalt und Gewaltdrohung zum Glaubenswechsel zu zwingen und zur Überzeugung, ihr Herrscher gehöre zu der von Allah auserwählten Familie des Propheten – falls sie sich nicht zum Feind Allahs erklären und ihr Leben verwirken wollten.[68]

Daß aber selbst eine betont tolerante, ethisch und sozial hochstehende, die Menschen in wahrer Menschlichkeit verbindende Religion ihre Verkünder und Anhänger vor der vollen Grausamkeit persischer Fanatiker nicht bewahren und viele Tausende das Leben kosten würde, zeigen die erschütternden Schicksale des aus der Schia hervorgegangenen vierundzwanzigjährigen Persers Sayyed Ali Mohammed, genannt „Bab", das Tor, der als Nachfolger Mohammeds und Verkörperung der Offenbarung Allahs mit seiner großen Anhängerschaft aufs schwerste verfolgt und 1850 dreißigjährig hingerichtet wurde, und seines ihn noch weit überragenden Schülers Bahá'u'lláh, „der Glanz Gottes". Als Eingekerkerter im „Schwarzen Loch", Teherans schlimmstem Gefängnis, reifte Bahá'u'lláh 1852/53 zu einem selbständigen Religionsstifter.[69] Nach seiner Freilassung wurde er nach Bagdad verbannt, das damals zum Osmanischen Reich gehörte. Über Tausend seiner Gläubigen entgingen der Verfolgung durch die Grausamkeit ihrer Heimat durch Flucht, indem sie seinem Verbannungswege folgten, um freilich von dort von osmanischer Intoleranz zusammen mit ihm weiter verbannt, verfolgt und wiederum eingekerkert zu werden. Bahá'u'lláh starb 1892 als wieder freier Mann nahe Akka im damaligen Palästina.

Edelste weltoffene Toleranz hatte jedoch in Persien nur grausamste Intoleranz zu gewärtigen. Während die Bahá'í-Religion weltweit um sich griff und größere Verbreitung fand als der auf Iran und Teile des arabischen Iraks beschränkte schiitische Glaube, fielen in Persien viele Tausende, teilweise unter fürchterlichen viehischen Pfählungen, der extremen Intoleranz der fanatischen Glaubenseiferer zum Opfer. Hier brachen die spezifisch hurritischen[70] Verhaltens- und Denkweisen der iranischen Bergvölker wieder durch, die sich bereits vor dreitausend Jahren in mehreren Wellen über Vorderasien ergossen und mit ihren uralten dualistischen Geistesstrukturen auch in den Schriften des Alten Testaments ihren noch für Heutige unverkennbaren Niederschlag gefunden hatten.[71]

Sie prägte sich beispielsweise aus in der klaffenden Wesensspaltung zwischen Gott und Mensch, Herrscher und Untertan wie in der altpersischen fußfälligen Verehrung der Gottheit oder des Monarchen, der Prokynese, sowie zwischen dem Mann, der allein die Menschenrechte besitzt, und der sündigen, dem Mann in allem unterworfenen Frau, deren Schöpfungsgeschichte von der des Mannes getrennt ist – wie der persische Reformer Ali Shariati der persischen Männerwelt vorwirft.[72]

Aus Persien war der Schleier in die islamische Welt gekommen. Persische Nebenfrauen des Kalifen hatten den Brauch der Verschleierung des Frauenantlitzes mit an den Hof von Bagdad gebracht. Sie wurde zur höfischen Mode und drang, als solche ein Vorbild für die vornehme Städterin, als modisches Attribut in die arabische Frauenwelt ein. Erst durch Befehl des ganz unter persischem

Einfluß stehenden, schwächlichen und bigotten Kalifen
Al-Kadir Billah um das Jahr 1000 und auch noch des gei-
stesgestörten, extrem puritanischen Al-Hakim II. in
Kairo erhielt das Tragen des Schleiers das fatale Prestige
eines angeblich vom Koran den Frauen allgemein befoh-
lenen Gebotes.

Ein Vorurteil, von dem sich die arabische Muslimin erst
in diesem Jahrhundert befreit hat, für das es im islamischen Gesetz keine Handhabe gibt. Ebenso von den
„gläubigen Männern" wie von den „gläubigen Frauen"
hatte es mit denselben Worten gefordert, „daß sie ihre
Blicke zu Boden schlagen und ihre Keuschheit wahren
sollen" – und, an die Frauen gewandt, hatte es hinzuge-
fügt, „daß sie ihre Reize nicht zur Schau tragen sollen, bis
auf das, was davon notwendig sichtbar wird, und ihre
Schleier über ihre Busen ziehen und ihre Reize vor niemand enthüllen als vor ihren Gatten und Vätern". Wo
begannen die weiblichen Reize, die nicht enthüllt werden sollten? Das Gesetz hatte vom Busen gesprochen.
Jahrhunderte galt, was bigotte Kalifen und orthodoxe
Theologen den Frauen zugemutet hatten, zugleich mit
ihrer Verbannung nach persisch-byzantinischer Ab-
grenzung von der Welt der Männer im Harem. Diese Erniedrigung stammte aus derselben Quelle wie die Gehor-
samserziehung der christlichen Frauen im Abendland,
die sich als Sünderinnen zu verstehen gelernt hatten,
weshalb sie dem Willen ihres Mannes unterworfen sein
sollten, während der unverfälschte Islam, der im Gegensatz zu Persien, nicht dualistisch dachte, Eva und das
weibliche Geschlecht ebenso wie den Mann überhaupt
von Sünde und Erbsünde frei sieht.

So ist auch der Iran heute trotz seiner schiitischen Herrschaft, die er in seiner Hinneigung zur Radikalisierung in der Weise des Fundamentalismus ausübt, zur ausdrücklichen Forderung der „Trennung der Frauen von den Männern" zurückgekehrt, wie Ayatollah Khomeini noch in Paris bestimmt hatte.

Und wie vor tausend Jahren der Schleier von Persien aus die islamische Welt verfremdete, so lieferte Khomeini in Teheran mit seinem Erlaß die Frauen durch das Bedecken des ganzen Körpers mit dem schwarzen Schador und der Verschleierung des Kopfes bei der Arbeit und in der Öffentlichkeit dem Fluch mittelalterlicher, trostloser und lebensferner Trauerexistenzen aus, die nicht Menschen sondern großen schwarzen Vögeln gleichen. Und zum dritten Mal überzieht das Diktat zur Erniedrigung der Frauen seitens des persischen Geistes zusammen mit seinem intoleranten Fundamentalismus alle Länder der islamischen Welt.

Abschottung oder Partnerschaft zwischen Ost und West?

Spätestens die Ölkrise im Herbst 1973 hat dem Westen vor Augen geführt, daß die arabische Welt und Europa schicksalhaft aufeinander angewiesen sind. Plötzlich wie über Nacht zeigte sich, wie arrogant und primitiv die Ignoranz war, mit der die überwiegende Zahl der sich als gebildet verstehenden Mitteleuropäer auf die Araber als auf „zerlumpte Ziegenhirten" und „Kameltreiber" herabzublicken pflegte. Dafür nahmen die leer gewordene

Stelle in ihrer Phantasie jetzt die Karikaturen fetter, brillantringbesteckter „Ölscheichs" ein, die sich in Märchenpalästen mit ihrem Harem vergnügten und brutal den Benzinpreis in unverschämte Höhen trieben – wogegen in Wahrheit der arabische Anteil im Vergleich zu den ganz massiv gekletterten Produktionskosten entsprechend den gestiegenen staatlichen Steuern tatsächlich in nur bescheidenem Maße angehoben war. Daß hinter dem Phantom solcher „Ölscheichs" ein Gesicht wie das asketisch schmale mit der steilen Falte zwischen den Brauen des Obersten Gadafi hervorblickte oder das gewinnende Lächeln des klugen, hocheleganten, bald europäisch gekleideten, bald in der Dschellabah eines Nomadenstammes agierenden saudi-arabischen Ölministers Jamali änderte kaum an dem weiterhin mit Mißbilligung bedachten Bild der „Ölscheichs". Dabei haben sie ihren Völkern ein einzigartig hohes soziales Netz gespannt.

Anders die den Eurozentrismus überwindenden, aufgeschlosseneren, sich dem weltweiten Geschehen öffnenden Kreise der europäischen Politiker und Wirtschaftler. Wiedererwacht war seit der Krise in den 60er Jahren das Gedächtnis an die alte Freundschaft zwischen deutschen Herrschern und arabischen Fürsten und Führern. Und kein deutscher Bundespräsident oder Vertreter des Staates versäumte in seinen Tischreden und Ansprachen seine hohen arabischen Gäste mit dem dankenden Hinweis auf die einstmals von ihren Vorfahren empfangenen geistigen Gaben zu ehren, die Allahs Sonne dem Abendland in so reichem Maße gebracht habe. Freundschaft, ja herzliche Beziehungen bezeichnen auf der Ebene der hohen Politik und Diplomatie wieder den

Umgang zwischen Deutschland und den arabischen Staaten.

Als, vom Druck des Jahrhunderte dauernden Kolonialismus – des osmanisch-türkischen und des europäischen durch Franzosen, Engländer und Italiener – befreit, die verschiedenen arabischen Länder sich den Forderungen der hochindustriellen und technisierten Neuzeit gegenübersahen, haben sie verschiedene Wege eingeschlagen, um sich in der modernen Welt zu behaupten.

Was schien näherzuliegen, als in die Häuser und Lebensart der abgezogenen Kolonialvölker und in ihre technische Zivilisation einzuziehen, sich den erfolgsbewährten, ehemaligen Herren anzupassen, ihrer Art zu leben und zu denken, ihre Gewohnheiten, Errungenschaften und Ideale zu übernehmen und ebenso europäisch wie die Europäer, so amerikanisch wie die Amerikaner, so russisch wie die Sowjets zu werden? Gegen diese neue Gefahr, die nach der äußeren Befreiung die innere Befreiung verspielt, erhoben sich – verschieden nach individueller geschichtlicher Vergangenheit und Schwere der Überfremdung – Kräfte, die eine bloße Imitation der fremden Moderne ablehnten.

„Um die Zukunft zu bauen", so der algerische Präsident Boumédienne am Jahrestag der Befreiung, „müssen wir zu unseren Ursprüngen zurückkehren, und unsere eigene Persönlichkeit wiederfinden. Wir müssen die Wurzeln stärken, um nicht aus einer Überfremdung in eine andere zu stürzen".

Die „Ursprünge", die „Wurzeln", zu denen die arabische Welt „zurückfinden müsse, um vorwärtszuschreiten", das sind – so habe ich in vielen Vorträgen im ganzen Maghreb erklärt:

124

1. die arabische Sprache, die z.B. in Algerien in 130 Jahren durch die französische nahezu gänzlich ersetzt worden war, als der Schlüssel zu ihrer eigenen geistigen Welt überhaupt;

2. die Religion als alles bestimmender Mittelpunkt ihrer Existenz in jeglichem Bezug, ein Islam gereinigt von seinen nicht-islamischen Bestandteilen, der offen ist für die Welt und in keiner Weise einer geistigen Evolution widerspricht. „Denn", wie der Philosoph Mohammed Aziz Lachbabi in Rabat erklärt, „der Muslim engagiert sich für Gott, wenn er sich zugunsten der Menschen engagiert. Der muslimische Glaube ist schahada und amal, *Zeugnis und Engagement für die Welt und das heißt für Gott* – Engagement des ganzen Seins des Menschen, der *in höchstem Grade persönlich verantwortlich ist für sein Tun*".

Rückbesinnung auf die eigene Identität verlangt:

3. Rückbesinnung auf die gänzlich verschüttete geistige Vergangenheit, verlangt die Bedingungen ihres Aufgangs, ihrer Größe, aber auch ihres Niedergangs zu erkennen und für die Zukunft daraus zu lernen. Denn schon einmal hatten die Araber an einem Anfang gestanden inmitten ihnen überlegener Kulturen. Sie hatten von ihnen Fremdem ergriffen, was ihnen lebensnotwendig erschien, ohne sklavisch zu imitieren, und hatten auf ihm auf *ihre* Weise, mit den Mitteln *ihrer* speziellen Begabungen weitergebaut und dabei ihre eigenen Methoden entwickelt. So wurden sie fähig, Eigenes und Neues zu schaffen von hohem Rang.

Doch mit der Beschwörung der glorreichen Vergangenheit ist es nicht getan. Das Pochen auf die große Epoche der arabischen Geschichte darf weder eine Flucht vor der Gegenwart, noch eine Ausrede sein mit der man sich bereits begnügt und die nur den Stolz nährt ohne eine Verpflichtung, aus ihr zu lernen für die Zukunft. Denn nicht nur aus den Ursachen der Kulturblüte läßt sich lernen, sondern auch aus den Ursachen ihres Welkens, um die Gefahren, die zum Niedergang geführt haben, zu vermeiden. Die Gefahr liegt sowohl in der Abkapselung wie in der bindungslosen Öffnung bis zur Überfremdung. Jede Einseitigkeit ist lebensgefährlich.

Nach der ersten Phase der Dekolonisation, die auf allen Ebenen den westlichen Vorbildern und russischen Ideologien nacheiferte, haben sich als Rückschlag schon bald Mißtrauen und Abwehr gegen alles Fremde, besonders gegen alles „Westliche" erhoben, verbunden mit einer Wieder- und Neubelebung des Islams.

In diese sich entfaltende „Renaissance des Islams" Hand in Hand mit einem infolge der Palästina-Frage hochdynamischen Arabismus platzte der militante Fundamentalismus Khomeinis als neue Woge eines extrem puritanischen, extrem intoleranten Fanatismus schiitischen Persertums, die bereits alle arabischen Staaten unterspült und „in ihren irrationalen Strudel" reißt. Mit ihrer ganz unislamischen Intoleranz wendet er sich noch radikaler gegen den Westen. Jede Ausschließlichkeit aber ist lebensbedrohlich.

Für die Dauer kann die Frage jedoch anstelle eines intoleranten Entweder: Isolation – oder: Öffnung, Entweder: Tradition-Oder: Fortschritt nur ein tolerantes Sowohl-als – Auch geben und von einem maßvollen, auf Selbstbewußtsein gegründeten, im eigenen Wesen wurzelnden Abstoßen des Wesensfremden und der Offenheit für die Entwicklungen in der modernen Welt, um sie durch den eigenen schöpferischen Geist aufzugreifen, ihnen die eigene Seele einzuhauchen und mit dem eigenen Atem zu beleben.

Ein Beispiel unter vielen anderen bietet das arabische Kernland, das heutige Königreich Saudi-Arabien.

Der kleine Prinz und das Weltall

„Manche denken immer noch", wehrt sich der Botschafter Abbas Faig Ghazzawi, der das Königreich Saudi-Arabien in Bonn vertritt, gegen die verknöcherten Vorurteile über sein Volk und Land, die ihm von traumatisch blinden Europäern noch immer entgegenschlagen, „daß es ein Land der Wüste, des Erdöls, der Oasen, der Beduinen und Kamele und der Zelte ist." Tatsächlich haben die Araber im Bau von Straßen, Wohnungen, Krankenhäusern, Moscheen und Universitäten, Hafen- und Bewässerungsanlagen, in Sozialfürsorge, in Forschung und Wissenschaft neue Entwicklungen auf hohem Niveau in Gang gesetzt. Dabei spielt das jetzige Saudi-Arabien, mit dem auch die Bundesrepublik gemeinsam vielversprechende neue Zukunftstechnologien entwickelt, eine bedeutende Rolle.

Keines der Völker war ja von alters her auf die Beobachtung der Gestirne angewiesen wie die schweifenden Araber, die in der Weite der Wüste, wenn das Tageslicht untergegangen war, den tief dunklen Himmel als „Zelt" über sich sahen und an seinen Lichtpunkten die Richtung ihrer nachtkühlen Wege, den Standort ihrer Herden, das Verrinnen der Nachtstunden und die Wiederkehr des Tages ablasen. Den in der trockenen Wüstenluft aus der unergründlichen Schwärze blitzenden Funkelsternen hatte ihre beduinische Phantasie Namen gegeben, die noch heute als Rigel, Wega, Aldebaran, Beteigeuse, Atair und so fort unseren Astronomen als Fixsternnamen dienen. Während im Umgang mit den Himmelskörpern anderen Völkern die Stern*deutung* im Mittelpunkt stand, waren sie die ersten, die zu Zwecken *astronomischer Forschungen* und Messungen große Sternwarten errichteten.

In kluger Planung bauten sie die erste ihrer Art in dem höchstgelegenen Stadtteil Bagdads beim Tor Schamassija um 830 unter Kalif al-Mamun zur Zeit Kaiser Ludwigs des Frommen und sogleich darauf an der Tigrisbrücke am „Tor der Krone" eine zweite, sowie nicht weit von Bagdad in Samarra, der sommerlichen Kalifenresidenz, aber auch in Damaskus; ferner durch die Fatimidenkalifen in Kairo — und das war nur der Anfang einer Kette immer neuer, besserer, verfeinerter Observatorien. Und wer ohne den Gebetsrufer, wandernd die kultischen Pflichten des täglich fünfmaligen Gebetes in Richtung Mekka befolgen wollte, mußte selbst ein kleiner Astronom sein, der das Astrolab wie eine Taschenuhr nach Zeit und Ort des Gebets befragen konnte.

Wie mußte in Riad in Saudi-Arabien dem kleinen Prinzen Sultan ibn Salman der Umgang mit dem Weltall nicht von Kindheit an innig vertraut sein, um ihm zum Lebensinhalt zu werden. 1985 ging sein Traum in Erfüllung: Als erster arabischer Astronaut startete er mit dem amerikanischen Raumtransporter „Discovery", brachte selbst einen Nachrichtensatelliten des arabischen Weltraum-Kommunikations-Systems ARABSAT in die Umlaufbahn, nachdem vorher schon der erste ARAB-SAT von der europäischen Ariane-Rakete in den Weltraum geschossen worden war, die nun gemeinsam die zweiundzwanzig Staaten der Arabischen Liga sowohl durch Telefon wie durch Fernsehen und Computer miteinander verbinden. Diesen Shuttle-Flug nutzte der Prinz auch zu Aufnahmen von Wasser- und Rohstoffvorkommen in der Wüste.

In seiner Person verkörpert sich eine außerordentlich rege Aktivität des saudi-arabischen Königsreichs in der erdgebundenen astronomischen Forschung sowie in der Weltraumforschung, an Universitäten, in der Ausbildung von Wissenschaftlern für die Auswertung von Forschungsdaten, durch Besuche aller Konferenzen für friedliche Nutzung des Weltraums für die Menschheit und zum unmittelbaren Nutzen für sein Land durch eine eigene Raumstation und Zusammenarbeit mit anderen Weltraumbehörden. In diesem saudischen Prinzen verbinden sich beispielhaft Tradition und Fortschritt. Eine Abbildung zeigt ihn als Astronauten vor dem Shuttle-Flug zwischen der grünen Fahne seines Königreiches mit dem Koranwort „Es gibt keinen Gott außer Gott" und der amerikanischen mit ihren „Stars and Stripes".

Mangelndes Selbstwertgefühl verstärkt Abwehr gegen „den Westen"

In diesen Tagen, in denen täglich Transportgeschwader der Vereinigten Staaten zum Schutz Saudi-Arabiens und der Golfstaaten Truppen in die Wüste verlegen und sich im Hinblick auf den Überfall Saddam Husseins auf Kuwait eine Spaltung der arabischen Staaten zwischen Abwehr und Zurückhaltung anbahnt, wird erkennbar, daß ja nicht nur das christliche Abendland ein tiefes Trauma erlitten hat, sondern daß auch die arabische Welt einen schweren seelischen Schaden, nämlich durch den europäischen Kolonialismus, davongetragen hat.

Doch während das Abendland die Schmach seiner *Niederlage* trotz seiner ihm päpstlicherseits zugeschriebenen „Auserwähltheit" und die beschämende Einsicht in seine eigene kulturelle Rückständigkeit durch einen damals wahrlich unbegründeten *Hochmut* und eine blasierte *Ignoranz* gegenüber dem geistig und kulturell, technisch und zivilisatorisch überlegenen Arabertum kompensierte, verhält sich die arabische Welt entgegengesetzt.

Die ihr durch die Fremdherrschaft gründlich ausgetriebene, durch Wiederbelebung des Islams und – wie in Algerien – sogar der arabischen Sprache zurückgewonnene *Selbstidentität* und das durch den Stolz auf die vergessenen von „Allahs Sonne" wiederbeschienenen großen Leistungen ihrer Vergangenheit wachsende *Selbstbewußtsein* haben es dennoch schwer, sich in ihrer fortgeschrittenen, modernen, technischen Welt zu behaupten.

Aus diesem mangelnden Selbstwertgefühl erklärt sich die um sich greifende, durch Khomeinis Propaganda noch kräftig genährte Abwehr gegen den „Westen", der für sie ganz Europa, die USA, teilweise auch Rußland umfaßt. Das macht es Hussein, trotz seiner religiösen Indifferenz, möglich, das Eingreifen des „Westens" in die islamische Welt als Angriff auf die „Umma", die „Gemeinschaft der Muslime", erscheinen zu lassen. Die Besetzung Kuwaits gilt demnach jetzt als *innerarabische* Angelegenheit, die die fremde Intervention folglich in keiner Weise rechtfertige, weshalb er den „Heiligen Krieg" verkünden konnte. Zu allem aber dies: Ausländische Frauen und Kinder als Geiseln zu nehmen! Ihre Männer als Schutzschild gegen Angriffe auf Kriegsziele! Letzte Verhöhnung arabischer Ritterlichkeit eines Saladin, eines Al-Kamil unter den Unzähligen, denen der Deutsche aus Köln, nach der Hinmordung von Frauen, Kindern, Greisen durch die Kreuzfahrer unter dem päpstlichen Legaten in Damiette, aus Gefangenschaft und Hungersnot Gerettete, dankte: „Du warst uns nicht ein Tyrann, sondern ein Vater in Deinen Wohltaten, ein Helfer, während wir doch in Deine Gewalt gegeben waren!"[73]

Das „arabische" Trauma macht wieder mobil

Das Trauma, welches das christliche Abendland bis auf erfreuliche Ausnahmen fast tausend Jahre gegenüber den *Arabern* im Großen und Ganzen unverändert aufrecht erhält, verschiebt sich derzeit mit aufgeregter Intoleranz auf die Türken. Als in kleinen Gruppen zusammenlebende Gastarbeiter und Asylanten haben sie eher verständnislose Reaktionen seitens der Gastländer ausgelöst: die Aufforderung, sich den Gastvölkern zu assimilieren, sich ihnen allmählich in Sprache und Bräuchen, Kindererziehung, Kleidung und Lebensart anzugleichen und in dem Gastvolk aufzugehen, bis zur völligen Integration. Ein Weg, den die wenigsten bejahen. Dem gegenüber steht der Wunsch der meisten Türken, ihre kulturelle und ihre religiöse Eigenart zu bewahren, so daß sie und ihre Kinder auch im Gastland sie selbst und „bei sich selbst zuhause" bleiben können, in ihren schlichten Moscheen zu Unterricht, Gebet und Gespräch zusammenkommen und von seiten des Gastvolkes als religiös gleichberechtigte Minderheit anerkannt auf ihre Weise leben – ja, sich womöglich als Partei organisieren können.

Wogegen in der Bevölkerung eine Opposition Fremde grundsätzlich ablehnt. Um sich nicht durch politische Polemik als fremdenfeindlich mißliebig zu machen, nimmt sie, statt der Türken selbst, den Islam aufs Korn und führt unter Einsatz aller verfügbaren Vorurteile einer Greuelpropaganda, stellvertretend für die Türken, einen Kreuzzug gegen die „unverändert militante" *arabische* Religion, gegen den *arabischen* Propheten Mohammed, der sich, als „der den *Unglauben durch das Schwert zu vernichten berufen* sei", erklärt habe, – einen Kreuzzug durch Vortragssäle. Hier macht das lange Zeit scheinbar eingeschlafene arabische Trauma, von einer irrationalen Angst geweckt, wieder mobil. Hier werden alle scheinbar längst verrosteten Formeln der uralten Greuelpropaganda neu aufpoliert: Die Irritation, die die alte Feindschaft gegen den Islam verursacht, geht so weit, das Abendland „aufzurufen, sich zur Wehr zu setzen" gegen die es „bedrohende Gefahr" – man glaubt sich nach Clermont zum Aufruf Papst Urbans II. zum Kreuzzug gegen die neue Türkengefahr zurückversetzt – „in welcher sich das Abendland" „durch die aggressive Agitation Landfremder" befinde, und gegen die von ihnen betriebene „Beeinflussung der 'Ungläubigen'"! Obwohl niemand sie an Leib oder Seele bedroht, geschweige ein Muslim sie jemals zum Islam zu „bekehren" beabsichtigt!

Der Leiter des Islamischen Zentrums in Aachen, der ägyptische Arzt Dr. Nadeem Elyas, erklärt[73] nachdrücklich: „Entsprechend dem Koranvers ‚Es gibt keinen Zwang im Glauben…' (2/256) kennt der Islam keine Missionierung, die die Menschen in eine materielle oder seelische Zwangslage bringt, und die sie ohne ihre eigene tiefe Überzeugung zum Übertritt in den Islam bewegt. Auftrag eines jeden Muslims ist lediglich, den Islam durch Wort und Tat zu *verkörpern*, ihn dadurch bekannt zu machen, Vorurteile gegen ihn abzubauen und somit zum Islam ‚einzuladen'."

Wenn heute schon angesichts jenes „Kreuzzugs"-Aufrufes – wiederum wie in Clermont anstelle der Türken – erneut die *Araber* verteufelt und wiederum als Aggressoren in ein falsches Licht gerückt werden, so wird es allerdings höchste Zeit, endlich und endgültig die abendländische Arroganz und Intoleranz abzulegen, die schandbare Mauer, die das Trauma gegen sie errichtet hat, als ein Erzeugnis aus Hochmut und Intoleranz zu erkennen und abzubrechen, um – 900 Jahre nach dem verhängnisvollen Appell an das „auserwählte Volk" – diese wohl toleranteste Religion der Erde unvoreingenommen und ungeschwärzt durch diskriminierende Vorurteile, Geschichtsfälschungen und reine Unkenntnis, als Partner und Freunde anzunehmen mit dem Recht, sie selbst zu sein.

Verzeichnis der Vorurteile, Geschichtsfälschungen und Plagiate

Anmerkungen

1 Sigrid Hunke, Allahs Sonne über dem Abendland – Unser arabisches Erbe, Deutsche Verlangsanstalt Stuttgart 1960/1989; 3 Taschenbücher b. Fischer Frankfurt 1965, 1976, 1990; 13 Übersetzungen. – Dies., Kamele auf dem Kaisermantel – Deutsch-arabische Begegnungen seit Karl dem Großen, ebd. 1976; Fischer-Taschenbuch, Frankfurt 1978, zwei Übersetzungen.

2 Arnold J. Toynbee, Studie zur Weltgeschichte, Hamburg 1949, S. 25 ff.

3 Recueil, Documents armés I 329, zit. in: Adolf Waas, Geschichte der Kreuzzüge, 1956, 1. Bd. 24.

4 Adolf Waas, a.a.O., I 154.

5 Sigrid Hunke, Kamele auf dem Kaisermantel, a.a.O., S. 66 f.

6 Islam und Abendland, hg. v. M. Asad und H. Zbinden, 1966, S. 91.

7 A. Waas, a.a.O., II 156.

8 Muhammad Asad, in: Islam und Abendland, a.a.O., S. 20.

9 Hunke, Kamele auf dem Kaisermantel, a.a.O., Kap „Zurückhaltung der Deutschen vom Kreuzzugsfieber, S. 51 ff.

10 Sigrid Hunke, Das Reich und das werdende Europa, 1965, „Heiligkeitsanspruch gegen Heiligkeitsanspruch", S. 25 ff.

11 Boha ad-Din, zit. n. Hanns Wollschläger, Die bewaffneten Wallfahrten gen Jerusalem, 1973, S. 98.

12 Sigrid Hunke, Allahs Sonne, a.a.O., S. 265.

13 Sigrid Hunke, Das Reich und das werdende Europa, eine europäische Ethik, 1965, S. 84 ff.

14 Ebd. S. 113 ff; Hunke, Kamele auf dem Kaisermantel, a.a.O., S. 91 ff.

15 Ebd. S. 66.

16 Ebd. S. 63 f.

17 Gustav Mensching, Zum Phänomen des Absoluheitsanspruches im Christentum und im Islam, in: Der Orient in der Forschung, Festschrift für O. Spies, hg. v. W. Hoenerbach, 1967, S. 449.

18 Adboldjarad Falaturi, Gott und Mensch aus islamischer Sicht, in: Islam und Christentum, Köln 1983, S. 57 ff.

19 A. Falaturi, Der Islam im Dialog, Köln 1979, S. 10 f.

20 H. Achmed Schmiede, Dschihad – nur „heiliger Krieg"?, in: Al-Islam 5/75.

21 Zit. n. S. Hunke, Allahs Sonne, a.a.O., S. 143.

22 Sigrid Hunke, Kamele, a.a.O., S. 99/100.

23 Siegfried Stein, Die Ungläubigen in der mittelalterlichen Literatur, Diss. 1993, passim.

24 Zit. n. Hunke, Allahs Sonne, a.a.O., S. 346.

25 Ludwig Stacke, Deutsche Geschichte, 1880, I 149.

26 Volkwerdung der Deutschen, Geschichtsbuch für höhere Schulen, Klasse 2, Teubner Leipzig, S. 111 ff.

27 Sigrid Hunke, Vom Untergang des Abendlandes zum Aufgang Europas, Horizont 1989, S. 73.

28 Rolf Palm, Die Sarazenen, 1978, S. 260 ff.

29 Eine entschiedene Ausnahme bildet Ernst Samhaber, Weltgeschichtliche Zusammenhänge, 1976, S. 133, der die angebliche „Rettung des Abendlandes" in Zweifel setzt.

30 Sigrid Hunke, Vom Untergang des Abendlandes zum Aufgang Europas, a.a.O., III. Kap. Zerstörung der Identität, S. 73–105.

31 Ebd. II. Kap. Ursprung und Wesen europäischer Identität, Die Lebensmitte, S. 57 ff.

32 Sigrid Hunke, Am Anfang waren Mann und Frau, 1953/1987, S. 133–227.

33 Sigrid Hunke, Europas andere Religion, 1969, passim.

34 Sigrid Hunke, Glaube und Wissen – Die Einheit europäischer Religion und Naturwissenschaft, 1979, S. 17 ff.

35 Das kräftigste Beispiel bietet Martin Luther.

36 Titus Burckhardt, Die maurische Kultur in Spanien, 1970, S. 29.

37 Sigrid Hunke, Allahs Sonne über dem Abendland, a.a.O., VII. Kap. „Andalusische Arabesken", S. 275–346.

38 Sigrid Hunke, Glauben und Wissen, a.a.O., S. 105, 277.

39 Sigrid Hunke, Allahs Sonne, a.a.O., S. 326 f. – Dies., Am Anfang waren Mann und Frau, a.a.O., S. 30.

40 Ebd. S. 164 ff, 333 f.

41 Sigrid Hunke, Kamele auf dem Kaisermantel, a.a.O., S. 145.
42 Sigrid Hunke, Am Anfang waren
Mann und Frau, a.a.O., S. 40–71.
43 Ebd. S. 69 f, 173.
44 Ebd., S. 70, 193.
45 Ebd. S. 201 ff.
46 Ebd. S. II. – Dies., Allahs Sonne,
a.a.O., S. 329.
47 Sigrid Hunke, Am Anfang waren
Mann und Frau, S. 185 f.
48 Ebd. S. 52 ff.
49 Sigrid Hunke, Allahs Sonne, a.a.O., S.
302 ff.
50 Ebd. S. 276.
51 Ebd. S. 329.
52 Ebd. S. 276.
53 Erdmute Heller, Die Situation der Frau
in der islamischen Gesellschaft, in: Im
Namen Allahs, hrsg. v. Axel Buchholz
und Martin Geiling, 1980.
54 Anita Vitello und Rima Nabulsi, Die
Frau in der Intifada, in: Zschr. Palästina, 3. Jg. Nr. 2, S. 13, 1.4.1990.
55 Walter Görlitz, Vor 1350 Jahren wurde
die antike Bibliothek von Alexandrien
zerstört, Griff in die Geschichte,
5.8.1989
56 Sigrid Hunke, Allahs Sonne, a.a.O.,
S. 191. – Rolf Palm, a.a.O., S. 168.
57 Brockhaus Enzyklopädie, I 315:
Alexandrinische Bibliothek.
58 Kulturgeschichte Europas von der
Antike bis zur Gegenwart, hg. v. Dr.
G. Winzer, Braunschweig, o.J.
59 Arthur Koestler, Die Nachtwandler –
Entstehungsgeschichte unserer Welterkenntnis, 1959, S. 105

60 Sigrid Hunke, Glauben und Wissen,
a.a.O., Kap. „Die grundlegenden
Unterschiede von griechischer und
arabischer Wissenschaft", S. 105–115.
61 S. 69–100. – S. Hunke, Glauben und
Wissen, a.a.O., S. 115–160.
62 Ebd. S. 103–195. – Aly Mazahéri, So
lebten die Muselmanen im Mittelalter,
1957, S. 153.
63 Roger Bacon, Quaestiones naturalis 6.
64 Zit. n. Hunke, ebd. S. 161.
65 Wie in Hunke, Allahs Sonne S. 142 ff.
ausgeführt.
66 Hamdy M. Azzam, Der Islam, 1981,
S. 78 f.
67 Ebd. S. 79
68 Gerhard Konzelmann, Allahs Schwert,
Der Aufbruch der Schiiten, 1989,
S. 143
69 'Abdu'l-Bahá, Beantwortete Fragen,
Illinois, (deutsch) Frankfurt 1962. –
Abdu'l-Bahá. Gedanken des Friedens,
Rosenheim, 1985. – Huschmand Sabet,
Der gespaltene Himmel, Stuttgart
1967; ders., Der Weg aus der Ausweg-
losigkeit, Stuttgart/Herford 1985;
ders., Weltidentität, Rosenheim 1989.
70 Sigrid Hunke, Am Anfang waren
Mann und Frau, a.a.O., 1988, S. 52–69,
Anm. S. 282–287.
71 Sigrid Hunke, Europas andere Religion, a.a.O., S. 30 ff, 506 f. – Dies., Europas eigene Religion, Berg. Gladbach
1980, S. 27 ff.
72 Ali Schariati, Fatima ist Fatima, 1981,
S. 75–78.
73 Siehe oben S. 36.

Namen- und Sachregister

Europa auf dem Weg zu sich selbst

Ein neuer, ein positiver „Spengler"

Während in einem ungeheuren Umschmelzungsprozeß
das christliche Abendland in seinen Werten und Strukturen unaufhaltsam zugrundegeht, werden bereits überall zwischen den Trümmern und Schlacken der alten
dualistischen, gefährlich verfeindenden und einseitig dif-
famierenden Strukturen die Ansätze zu neuen, evoluti-
ven Entwicklungen eines zukünftigen Europas sichtbar,
das aufgrund des in seinen Menschen ursprungshaft auf
Einheit und Ganzheit angelegten Wesensgesetzes in
sämtlichen Bereichen des Menschlichen und Kulturellen
endlich zu sich selbst kommen und sich dank tieferer
Bindung im Eigenen zu einer sich kraftvoll entfaltenden,
unvorstellbar hohen Kulturblüte erheben wird.

Sigrid Hunke
**Vom Untergang des Abendlandes
zum Aufgang Europas**
Bewußtseinswandel und Zukunftsperspektiven
*1989. 334 Seiten. Gebunden mit Schutzumschlag
ISBN 3-926116-16-1*